「天明時，你悄然離我而去，在我渴睡的時候，餘留給我被露水沾濕的灰燼。

薩所羅蘭，在我開始信仰的時候，你一留給我怎樣的圖騰，荒年過後，我將回歸城裡。」（李宇宙，〈給阿米巴弟弟們〉之七）

我們建構【薩所羅蘭】，有著對精神分析的熱情，也同時想要再「回到佛洛伊德」，他當年在文學、戲劇、藝術、物理學等領域來回穿梭，找出了一些重要語詞，做爲精神分析的重要術語，例如伊底帕斯情結。我們想要抱持著，如薩所羅蘭這般詩意的態度，探索精神分析在台灣的日常生活裡，有著什麼樣的深度心理學，待發現和描繪，做爲我們在日常生活或診療室工作的重要參考？

當你看著美麗的菜單，會讓肚子餓成爲美麗的事件嗎？

愈來愈心酸的故事
沒有想到
荒謬兩字含在嘴巴裡
已經過時了
不願意再起身煽情
讓發霉的口風
在暗巷裡拖著疲累
臉紅無力的舌頭
伸回空洞
深不可測的心事
——蔡榮裕

　　如果說精神分析藉著說話，來達成讓人可以自由地想像，自己的過去、現在和未來，而且夢的分析仍是重要的領域，那就意味著精神分析還需要，如夢般的能耐捕捉目前處境裡的材料，來展現自己，讓自己仍是值得被分析、被注意的存在。精神分析回過頭來，需要從它探索的夢裡，學習夢的存在的高明之處，而這需要隨著當刻當地的素材，來補充自己的養分，做為展現自己的模樣。

前言

　　這本書原本是蔡榮裕和陳瑞君合作，由於瑞君自謙貢獻有限，因此覺得不用掛名，由於和先前的文宣有所不同，因此說明也感謝她的相關協助。

　　如果說精神分析是談話式治療的開端，這是人類文明重要的一步，從原本催眠式的暗示，變成希望是明明白白的情況，給與詮釋，詮釋也是說話的一種型式，是和日常說話不全然一樣的私密語言體系。雖然是否就可以如當年，佛洛伊德立下的通則，可以在意識清晰的情況，讓早年古老的失憶可以被記憶彌補起來，然後從潛意識變成意識後，問題和症狀就可能會改善？只是臨床實境不必然如此。

　　在佛洛伊德時，就早知如此了。他為了要說明和想像，是什麼因子在干擾著，人要復原之路？他只好發明或發現了自我、原我和超我的設定角色，想來說明阻抗這件事到底是怎麼了？這一切都是他在想像中建構出來的人性文明史，這三個我就這樣注定在人類的文明史裡扮演著忙碌角色，滲透在日常生活或學術專業領域裡，被邀請出場說話。

　　就這樣一百多年了。精神分析同時做為一種特殊的專業，在心理學裡以精神分析或心理治療的名義，進行著心智的探索，和替人類的自由心靈貢獻它的角色，當佛洛

伊德宣稱，要以潛意識或無意識做為探索的場域，就注定了精神分析者需要不斷地維持心靈革命般的態度，不是只著重在發揮了多少功效，而是對於當初以阻抗為名的區域裡，到底是什麼？並做更深入的想像和探索。

也就是何以會無法在某些人或某情況下發揮效用？或者有時甚至會帶來副作用？這在精神分析的臨床實作上，是無法避免的課題。但是對於阻抗的探索，也成了精神分析不斷精進，不斷繁衍的重要基礎。不過這些都是無法直接以五官觸及的領域，我們只能以現有語詞，稍加修改定義來描述它，或者新發明語詞和定義，來說明有這麼一塊值得注意的地帶。

因此如果說精神分析藉著說話，來達成讓人可以自由地想像自己的過去、現在和未來，而且夢的分析仍是重要的領域，那就意味著精神分析還需要，如夢般的能耐捕捉目前處境裡的材料，來展現自己，讓自己仍是值得被分析、被注意的存在。精神分析回過頭來，需要從它探索的夢裡，學習夢的存在的高明之處，而這需要隨著當刻當地的素材來補充自己的養分，做為展現自己的模樣。

這些都是需要語言和影像，如同夢般，本書比喻的累

積是在這個想法下成形的，以各式比喻來描繪臨床過程某個片斷想法和感受，做為自己以精神分析為參考點時，在臨床實作的過程裡，和精神分析的後設心理學之間，所撞擊而產生的火花。我認為這些比喻都是這種火花，雖然火花是瞬間就消失，而比喻是否能長遠呢？也許像張照片，或者只是如夢裡的某個場景？

　　也可以說我們都是用各式的比喻，在進行著對潛意識的分析工作，只是自覺或不自覺，雖然我們以為自己是依循著理論的概念，在運作分析和治療的過程，不過我假設，大都是以各自私密的想像的比喻，來貼近那些外來的術語概念，做為了解和運作的方式，是值得把這些比喻加以說出來，做為思索精神分析的某種方式。

蔡榮裕

精神科專科醫師／臺灣心理治療個案管理學會理事長／臺灣精神分析取向心理治療研究會召集人／前松德院區精神科專科主治醫師／臺灣精神分析學會名譽理事長／臺灣醫療人類學學會會員／高雄醫學大學阿米巴詩社社員／松德院區《思想起心理治療中心》心理治療資深督導

  當你看著美麗的菜單，會讓肚子餓成為美麗的事件嗎？

目錄
CONTENTS

目錄
CONTENTS

目錄
CONTENTS

目錄
CONTENTS

精神分析的
比喻一百則
（1-100）

(01) 當你看著美麗的菜單，會讓肚子餓成為美麗的事件嗎？

　　不可否認進了餐廳後，菜單設計的模樣是否美麗高雅，還是多少會影響著吃這頓飯前的感受。可能是一次享受的餐飲之旅，或者只是吃飽就好的一頓飯，何必講究菜單的模樣呢？這是菜單在一般餐廳的可能性，除了標示出所有菜色的內容和說明外，是否再加上美學相關的設計？

　　那麼佛洛伊德談論精神分析時，和菜單有什麼關係呢？佛洛伊德曾說，有時候我們在聽了個案的故事後，我們所說出的詮釋，可能只是像提供一份菜單說給肚子餓的人。這涉及什麼是詮釋？分析師或治療師如何聽個案的故事，來決定要說些什麼呢？精神分析是有一套百年來逐漸明確，但也可能仍眾說紛紜的技術觀點。

　　為什麼分析師或治療師進行詮釋時，有時候是無用的呢？或者菜單果真是如此無用嗎？如果個案在當時是處於心理飢餓的狀態，分析師說出的詮釋，就像只是給肚子餓的人一份菜單，那不是對方最想要的，不過還是得回來再說明，什麼是心理飢餓的狀態？肚子餓時，有些生理的反

應，讓我們知道肚子餓了。

但是心理飢餓是什麼樣的現象？是個案說出他心理在飢餓嗎？這倒不是那麼常見，而是聆聽的人從對方說的內容，或者從其它無關內容而來的感受或直覺，覺得對方在心理或心靈是處於某種飢餓的狀態，不斷地要吞進很多東西。如果這位聆聽的人說出他的直覺或感受，表示對方的心靈是處在飢狀態，也許就構成了精神分析一般定義下的詮釋，意味著從表面的說法裡，聽出其它未被說出來的意含，並嘗試把這些說出來而成了詮釋。

簡化的說，詮釋是說出表相的故事裡，沒有被說出來的意在言外，但是我們是如何決定和確定，那些是沒有被說出來或意在言外的內容呢？例如，說話者談著他小孩的成就是多麼好，小孩都在國外有不錯的工作，也說著前幾天不小心跌倒時撞到頭，還好只是小瘀青而已，他自己就可以處理了，今天瘀青就不見了。然後抱怨今天早上去菜市場時，那位賣菜的婦人變得不老實了，竟然跟他多收了十塊錢，他為了這點還跟對方爭吵了好久，很生氣其他攤販竟然都站在對方那邊。他氣得就離開了。

這些說裡有什麼意在言外的內容嗎？我相信不同人會有不同的主張，有人可能針對那人的生氣，覺得他的生氣

是另有所指，但是指向何方呢？都在國外的小孩，讓他不小心受傷的老天，那位攤販，或者覺得治療師是一無用處的人，根本幫不上他說出的任何事？或者覺得他處在空巢的狀態，內心是空洞的，雖然他大談小孩的成就，卻是空空洞洞的，感覺好像那是遙遠的事件。

我們可以假設，當我們試圖要指出這些意在言外的想法，就是對於他的狀態的某種詮釋，也可以說是某種翻譯吧。不過不論用何種說詞，在臨床上都會面臨著一個有趣的難題，個案聽得進去嗎？我們需要在意這件事嗎？或者我們只管自由的說出想法？那麼自由聯想是給個案用的準則，還是給治療師的準則呢？

不過先跳開二分法的需不需要在意的課題，而是我們的詮釋如果只是一份菜單，那麼這份菜單對於個案會有什麼效應呢？也許得看個案的百般複雜狀況而定，如果個案在空洞和飢餓感裡是還好，還有心情欣賞菜單裡的菜色和菜單設計的樣子，或者已經餓得不想再聽進任何美妙的話語了？那麼我們的詮釋如菜單時，就會變成某種奚落或嘲弄，所以阻抗是指個案看了菜單後，覺得菜名很漂亮，卻不知道它的內容，或者覺得自己吃不起菜單提供的高檔菜色？

當你看著美麗的菜單，會讓肚子餓成為美麗的事件嗎？

我想以對著空洞談話，來比喻治療師的某些詮釋，也就是治療師拿著精美製作的菜單，對著個案的空洞在說話，我們值得想像，對著空洞說話時會出現什麼反應呢？也許個案的某些心理機制，有如同音樂廳裡吸音的相關設備，讓我們的詮釋可以更加悅耳，或者只是在一般的空間，我們的詮釋說出後，只是變成雜亂投射的聲音，反而讓個案更不安，而無法思考精神分析是以語言和說話做為工作的焦點，詮釋更是精神分析取向者重要且核心的技藝。至今，詮釋仍被當作是重要的技藝，而佛洛伊德的菜單說，卻是點出一個相當重要的技術細節。

　　前述空洞的比喻，是來自佛洛伊德舉例，卻額外地流露了他可能不自覺的比喻，肚子餓是指肚子空空的，是接近臨床所見失落後的空洞感，這是接近失落後的抑鬱，而不是他的理論所聚焦的，歇斯底里、焦慮或強迫等症狀的後設心理學。如果依著佛洛伊德的比喻，進一步推論失落後的抑鬱，並不是靠詮釋可以處理，而需要別的技術，這是接近我們的臨床經驗？雖然失落的受苦和抑鬱，相對來說是佛洛伊德的後設心理學缺乏詳細論述的領域。

　　不過這也不必然就表示，針對失落、空洞和抑鬱，就不能做詮釋，畢竟憂鬱是相當廣泛的個案群，有不同的自

我強度，不同的失落創傷的經驗，甚至也不是被簡化爲：憂鬱是由於來自負面想法，因此只要提供正向想法這種心理學的建議。

　　所以我們可以推論說，其實佛洛伊德的菜單說是一種預言，預示了多年後，除了古典所著重的歇斯底里、強迫症外，憂鬱現象的被注重。這是佛洛伊德在當年的誤語，或神諭般的寓言，或者其實更像失語，某種過早談論出眞相的失誤語言呢？

當你看著美麗的菜單，會讓肚子餓成爲美麗的事件嗎？

（02）被阻抗，被拋棄的我們，如何努力建構理論？

　　生命早年經歷失落創傷者的嬰孩來說，他們是不被要的小孩，或如同克萊因所說，人會把壞的部分客體排除出去，投射到其他人，那麼這被排除在外者，也是不被要的人在外流浪討生活。通常我們希望這些不被要的部分客體，可以接受我們的詮釋，可以聽進去治療師的意見，並且隨著有所改善，而所謂改善，是指這些壞的部分客體，這些不被要的部分客體，能夠從良般地可以被馴化，而不再持續發揮野生的破壞力量，但這真的是可能發生的事嗎？

　　這些不被要的小孩，流浪長大後，果真可以如此就被馴化嗎？我的經驗和觀點是不一定能如此，我們需要重新來想像和建構，那些不被要的小孩，在生命早年是如何孤獨地成長，以及在這個過程裡，他們累積的人生知識和經驗，在後來的人生裡，他們勢必持續借重自己生產出來的知識，做為和我們互動的依據。因而在診療室裡，常使我們覺得，那是自戀，或個案以自居創傷後殘存者的姿態，

彷彿是另類英雄給自己生命的匾額，而難以聽進治療師的意見？

精神分析的理論建構，是分析師和治療師們在診療室裡，面對個案排斥我們的移情下，治療師為了讓分析結構得以持續生存下去，根據觀察和想像而建構出來的想法，在面對個案的阻抗時如何走下去？這讓治療師成為個案所不要的人，但我們卻是努力讓生存結構持續下去的人，在這種情境下，我們因此累積了自己的理論，並依據這些而建構出精神分析理論。

從這個角度來看，我們所倚重的理論，是被拋棄者在殘存活下來的過程裡，所累積的生存經驗和知識。

這比喻是在提醒我們，和精神分析理論的關係，是否可能如同生命早年受創傷者般，過於堅定的相信已有的知識，而忽略了時過境遷，或在面對不同人時可能需要不同的想法？但由於這些經驗和知識，是讓我們活下來的依據，使我們不自覺地過於相信理論，或把理論放在過高理想化的位置，忽略了我們需要想像的是，那位不被要的小孩，如何讓自己孤獨地活下來？這種想像也是同理共感的重要基礎。

我們要運用精神分析時，更需要考慮理論有著前述的

當你看著美麗的菜單，會讓肚子餓成為美麗的事件嗎？

特性，才不致於以過於理想化的方式，反而可能變得昧於現實，而忽略了要運用的對象，也有它們的自主性，不論它們是人，或是創作的成品。甚至也可以再想像，有所謂運用精神分析嗎？是否以精神分析和其它的交流互動才是重點，而不是運用，不然好像我們早就已知精神分析適用於對方了？

(03) 如果象徵比喻變成了主人，伊底帕斯情結會怎樣？

　　談談象徵使用時所延伸出來問題，由於精神分析的焦點，是五官無法直接觸及的領域，因此需要引進其它象徵和故事，來比喻潛意識的內容，的確佛洛伊德在建構精神分析的過程裡，就引進了大量文學、藝術、醫學和物理學等的例子，來比喻他想要描繪的心理地帶。

　　伊底帕斯情結就是被引進來的神話故事。依據臨床經驗，至今不少人仍以被簡化的三角情結，或弒父戀母的概念，來想像佛洛伊德觀察到的心理現象。伊底帕斯王的故事裡，他從小被拋棄、被撿到、被養大後的故事，他在不自知的情況，在路途中盛怒殺了一個人，後來到了某個國家當了國王，娶了王后。

　　但是他心中不時受著某種神諭的煎熬，他堅持去追尋自己的故事，後來發現他殺掉的那人就是他的父親，也是國王，而他娶的王后就是他的母親。他知道實情後就刺瞎自己雙眼，而開始流浪人生。

　　佛洛伊德在臨床經驗裡觀察到，不少人有這些不自覺

當你看著美麗的菜單，會讓肚子餓成為美麗的事件嗎？

的衝動，因此以伊底帕斯情結來定位它。不過後來卻被有些人理解成，要依著伊底帕斯情結裡，弒父戀母的情節來做，以為這樣子才是真正的做自己。甚至以為要做自己，在心理上一定要弒父，其實這種說法是很奇怪，這變成是催眠式的暗示，或有人把它變成是人生的建議，雖然這只是象徵，被用來描繪人在不自覺的心理下，會出現的情結。

何以會被那樣子來理解呢？人要做自己時，不能有他者在心中嗎？有所謂純度高到百分百的自己嗎？或者如同精神分析家溫尼科特說的，沒有嬰兒這件事，有的是嬰兒和母親，自然也可以有父親在心中吧。

這象徵原本被使用來描繪某種臨床常見的現象，做為大家相互溝通的方式，了解有個內在脈絡在那裡，不過後來這個象徵卻好像變成了主人，要人們依著這個弒父戀母的故事來做。這是某些人理解象徵比喻的方式，值得再觀察。

(04) 潛意識是我們的語言抵達不了的地方？

　　何謂五官觸及不到，語言和說話也觸及不到的潛意識心理世界？這是什麼意思呢？這是將潛意識當作是名詞，有著它的內容，只是我們無法以眼耳鼻舌身等五官，來直接感受到它們的存在。因此我們只能意會它，雖然意會可能就顯得很主觀了。

　　在目前，潛意識已成為日常用語了，但在百年前，佛洛伊德為了要談論精神分析是什麼，在《精神分析引論》裡花了幾個章節，從口誤和筆誤等日常生活現象，來說明有著不被自覺的因素，也就是有著潛意識在影響著我們。我們不是如自己期待的那般，所有事情都是由意識來發動，做為我們行動和決定的依據。

　　到目前，我覺得另有更重要的是，我們需要指出，潛意識是我們的語言抵達不了的地方。這當然和精神分析的實作經驗有關，精神分析以說話做為主要的分析工具，因此涉及了需要思辨，我們說出來的話或故事，真的是等同於這些話想要描述的嗎？

　當你看著美麗的菜單，會讓肚子餓成為美麗的事件嗎？

而且當精神分析的視野，被延伸到生命更早年的經驗，例如克萊因甚至將焦慮挪移到，生下來不久時的心理經驗，那時候，嬰兒缺乏成人式的語言能力。當精神分析意圖將焦點，移置到生命那麼早時，那些經驗如何被述說呢？不過精神分析顯然未被這個疑問給打敗，而是依然假設，說話可以讓我們接近它，只是我們需要了解，說出來的話，只是那些早年經驗的象徵代表，我們是無法確定，那就等於當年的經驗。

　　因為後來的經驗，會在記憶深處裡，不自覺地修改以前的記憶，尤其是創傷受苦的記憶。只是精神分析仍未放棄，以語言和說話，做為進行分析的方式，但是有前述的了解時，才會知道說話本身有時盡，需要想像來補足，使得說出來的心理，是屬於心理真實，而不必然是歷史事實。

　　或者說話時，不可避免會失去那些未被說出的部分，精神分析是以那些未被說出，而出走流浪的故事，做為訪查的對象。

(05) 情結是在周遭貧瘠的土地上，所集結的小鎮？

　　情結是個惡之華嗎？是問題的起源嗎？或者它只是個緩衝區？例如古老但被簡化的說法，伊底帕斯情結帶來歇斯底里，這是正確的說法嗎？

　　假設分裂後的兩極，如善不善，惡不惡，愛不愛，恨不恨，這些兩極裡的另一極，可能是具有破壞力的部分，但我們的想像裡，那是可以被馴化的嗎？我們談論整合時，是指什麼呢？要把焦點放在那裡呢？我們能在情結裡整合什麼呢？如果個案的心理能力都還是破碎的人生經驗還是以部分特質（部分客體）的經驗，那麼要走到三個完整客體，父母嬰孩的情結，要經歷什麼呢？

　　當我們將焦點說成是某個情結後，意味著情結周遭不再那麼重要了？是否周遭正是那些部分客體流浪或遊蕩的所在？或情結做為症狀的一部分或核心，它是某種防衛，像是心理建構了一道城牆，一道帶狀的保護線或區域，也就是當某種情結浮現時，是在隔離或緩衝，某些原始的情緒或情感反應，尤其當這些反應是以二分極端的方式，對

當你看著美麗的菜單，會讓肚子餓成為美麗的事件嗎？

立存在著。

　也就是情結是在周遭貧瘠的地上，所集結出來的小鎮，所有生機都在那裡交會，交換光明，或匯集黑暗？也是某個緩衝區？

　所謂緩衝區的出現或建構，並非只是將對立兩方隔離而已，緩衝區如何化成我們的日常語詞，是值得在意它有不同的被理解方式，會衍出後續不同的想像和技藝。做為治療者或分析師來說，要把焦點放在加強好的一方，或馴化壞的一方？或者好壞都會各自發展，依著它們的存在方式，我們是無法或不必然要做任何介入？

　或只是把重點放在中間的緩衝區，讓那裡不再只是貧瘠空曠的地帶，更著重研究它，發展它，讓它成為繁華具有創造力的地帶？不是把它當作是問題的起源，不再只是要消解它？是否這樣的過程，自然地讓兩端之間的衝突，更不易發生，而這才是我們想像的，把好壞善惡愛恨，整合成一個人？或者經過這些階段，才有可能讓完整客體的伊底帕斯情結，得以真的有機會，讓他們的故事在這小鎮裡發生呢？

　這些想法不全然是我自己想的。其中有著比昂的涵容（containing）的概念，也有著溫尼科特的過渡空間的概

念，以及Hanna Segal對於創造力和美學的想像。雖然我不是直接就在克萊因的憂鬱形勢（depressive position）的概念出發，也許這是我們在面對，以矛盾做為主要述說的問題時，如何想像這些矛盾裡有著潛在的分裂機制？以及是否真正的焦點，可能是在矛盾的中間地帶，而不必然是在兩端的矛盾上打轉呢？

當你看著美麗的菜單，會讓肚子餓成為美麗的事件嗎？

 ## （06）如果同理，是把腳伸進自己頭頂上，個案踩的鞋子裡？

　　什麼是同理，要有同理心是什麼意思呢？如果要進行同理心的訓練，除了目前常見的是，假設接近對方的心情，並嘗試說些安慰、貼近對方心思的話語，這是我了解的同理心訓練的基本款。我們常聽見的比喻是，試著穿進別人的鞋子來體會對方，做為同理心的方式。

　　我則以臨床常見的情境，舉出另一個穿鞋子的比喻，來探索和想像，穿進別人的鞋子裡，這個體會的比喻有著過於簡化的地方。臨床常見的現象是，例如那些虐人自虐的創傷個案，來到診療室後，對於治療師的移情，所顯現出來的樣貌，我們稱呼做負面移情。負面移情意指的是，個案將生命早年的創傷所引發的攻擊和恨意，轉至治療師身上，由於這是潛意識的過程，它外顯出來的樣貌是多樣型式，不必然會直接可以看得清楚它的內在實情。

　　就臨床實境來說，負面移情裡有個模樣像是，個案在潛意識裡穿著他的鞋子，伸腳踩在治療師的頭頂上。那麼治療師要如何穿進個案的鞋子呢？這個問題看似好笑，

不太真實，不過相反的，這個比喻如同卡通般的景象，在負面移情是常見的，這種情況對治療師是構成了很大的挑戰，在心理的轉折和困局上，是如這個具象的景象，治療師如何伸腳上自己的頭頂？

如何和個案溝通，讓個案把腳伸出鞋外，然後治療師把腳伸到自己的頭頂上？然後摸索著，將腳伸進對方的鞋子裡，這鞋子可能太大或太小，但是這一切都發生在頭頂。治療師只能憑著感覺摸索鞋子，這需要相當精緻的動作，才不會把鞋子推下頭頂，因為如果鞋子從頭頂上跌落，可能就表示治療師的努力也跌落山谷般，要再努力辛苦地從谷底再爬起？

我這麼描述好像很誇張，但是我必須說，如果要真正的同理心，是會經過這些經驗，不然就可能只是語言上的遊戲？

當你看著美麗的菜單，會讓肚子餓成為美麗的事件嗎？

(07) 精神分析是失敗美學建構起來的想像？

　　精神分析的理論，是我們在被個案所阻抗，在我們被負面移情拒絕下，使得我們潛在裡有部分如同不被要的棄兒，這個意象乍看有些奇怪，而如佛洛伊德曾說的，精神分析也是一種瘟疫，意味著它具有潛在冒犯人的自戀的可能性，使得它是不被要的。因此精神分析知識的累積，是治療師在個案阻抗的處境上，為了讓治療得以活下去而累積的心智知識，也可說是心智上如何活下去的知識。

　　就臨床經驗來說，我們會的也許只是如何不死去，仍能維持分析和治療的架構。但對個案的阻抗來說，精神分析是不被心理深處所需要的，是要被拋棄的對象，如同那是他們生命早年裡，那些不被需要的殘存者，在生命早期經歷了失敗美學而活到現在。這些知識概念被當成是，了解人的心智的某種理想，但它帶來的影響會是什麼呢？

　　我們的理論也許只是，我們在潛意識領域裡闖蕩時，所留下的自說自話，或是某些對話的片斷場景，對一般人只是生活的小部分，但是對於精神分析的專業職人，卻

是生活的大部分或全部。不可否認的，我們總是每天面對著，個案的負面移情要拋棄我們的實境秀裡，我們努力掙扎著要走下去的決心，並因此生產出能走下去的知識體系。本質上，它就是如同不被要的小孩，要活下去，而自己形成的理論，卻也因此有著它的侷限。

　　某方面來說，也許我們可以宣稱，是最了解棄兒心理世界的人，只是這種情況可能隨著我們工作順利後，就淡忘了這些心情，而更著重我們依據的技藝，尤其是後設理論做為我們維生的依據，甚至以為是唯一的依據，因而如溫尼科特說的，愈有經驗後，我們對於個案改變速度的緩慢，會不自覺地認為個案沒跟上我們進步的速度。這當然是錯覺，怎麼可能隨著我們有了更多年的學思和經驗，個案的改變就會因此而變得容易呢？個案的心思有自己的路得慢慢走過，才知自己的心理風景。

　　我們心中暗暗期待個案，隨著我們的工作經驗變厲害後，他們也會隨著很快地厲害了起來，這需要再回頭重新看待，我們所依據的精神分析理論是怎麼來的？我主張如果我們不在意，這些情況就會仍然持續，讓我們誤以為精神分析是個受歡迎的存在。

　　另外，出了診療室外，對社會，當我們宣稱以精神

當你看著美麗的菜單，會讓肚子餓成為美麗的事件嗎？

分析來回應社會時，如果就只是帶著我們對社會的自戀會有所冒犯，而真的就依著這個古老催眠般的說法，相信我們命定就是會冒犯對方，這是實情的一部分，卻忽略了以社會做為對方時，社會不是我們診療室裡的病人。因此需要重新看待診療室外的社會，如果是在覺得被社會拋棄的心情下，我們的回應就更會冒犯對方，而這種冒犯卻無法帶來更多的思考，以為只依著古老流傳下來的規訓是必然的，那麼我們和社會的關係，可能就會缺乏新的想像了。

（08）精神分析多元樣貌的生生死死

　　如果說本能有性本能和死亡本能，那表示幾乎所有的事，都會涉及性與死。或者說會讓嬰孩覺得心理受傷的經驗，就會被潛抑下去好像死去了那般，但是顯然的精神分析家大都是主張，它就仍是在那裡，且發揮著重要的力量，只是不被自己察覺而已。後來，克萊因幾乎是以潛意識的幻想一詞，來代表它的內容，不過既是幻想，那就是更多的可能性了。

　　雖然克萊因是更著重死亡本能，所衍生的各式象徵內容，不過這仍涉及個難解的習題，這些潛意識幻想是存在某處，只是被叫喚出來，以死的方式再活起來？或者是活生生的死著自己的死？或者它只是後來的猛然回頭，想像當年是怎麼呢？或者這些幻想是後來的經驗，再加上後來的想像，而構成的生與死呢？

　　不過無論如何，這些材料都被附與一個假設，它們是會讓自己覺得受傷，因而被排擠離開意識的記憶範圍，某種程度像是被拋棄者，這些被拋棄者會採取什麼方式反撲嗎？它們影響我們的決定，或只是它就在那裡，做著它的

當你看著美麗的菜單，會讓肚子餓成為美麗的事件嗎？

日常？或者是帶著惡意的反撲，對於曾被拋棄的反擊嗎？以曾經死過的記憶，回頭來反擊？以前的論者是少從它們是被拋棄者的角度，來想像這些潛意識內容。

這些被拋棄者會採取什麼的反應？是否和我們在臨床看見的，小孩被父母拋棄後的複雜反應是相同的嗎？或者這些內容裡的生生死死，有不同的運作方式和不同的訴求？當它們想要出頭表達時，它們的主要目的是爲了什麼呢？

這些疑問至今仍難有標準的答案。這帶來的是精神分析的多元樣貌，其中有部分是，大家對於潛意識的內容是什麼，具有不同的想像，不同強調的重點，而帶來不同論點的爭議。這讓後來的爭議，只是被拋棄者爲了表明，沒有完全死去，還有想法沒說完？

 # (09) 是否如一道白光被解離成光譜般的母親？

　　閱讀溫尼科特的《原始情緒發展》，談到解離（dissociation）時，我想到其它故事，是否有如一道白光被解離成光譜般的母親？我等一下再回到這個想法。

　　當個案看著母親，說從小到大對於母親的經驗時，我們常會覺得說得矛盾，例如抱怨母親從小把他送至阿嬤家，又覺得母親也是有苦衷。故事就一直在這兩種情況下打轉，雖有著不同的故事分別說著這兩種心情。這種情況我們傾向把個案的說詞，想成是他的矛盾，或是他的阻抗，以為個案是難以接受自己有對母親的恨意，因而以母親還有不錯的地方，讓自己矛盾起來。

　　沒錯，這是個案常呈現出來的樣貌，而我們也可能跟著以為，這是個案唯一的矛盾，好像只要他解決了對母親的愛恨矛盾，那麼他的人生就不一樣了。但是個案重複地在這種愛恨裡，來來回回，就會讓我們覺得是有所阻抗，但我們指出這種矛盾是阻抗，通常效用也有限，個案好像聽不懂的感覺。

因此我的假設是這樣。如溫尼科特在《原始的情緒發展》裡試圖以整合（intergration）、未整合（unintergration）和整合後解體（disintergration）的概念，來描繪生命早年對於自己是什麼的形成過程。整合，是一般假設讓人覺得以前的自己是自己，而未整合是指很原始的狀態，至於整合後解體意指在整合後因創傷而解體。如果以這概念來看，他對母親的不同感受，其實實情上比只有愛恨還要更複雜。

　　常見的說詞是，他說不清楚自己是怎麼回事，怎麼會對母親這樣子？這句好像有所反思的話，也無法讓個案更清楚自己是怎麼回事？甚至就一直沉浸在這些困惑裡，讓困惑指導著日常生活，過著好像有困惑但實情上卻是，如前述的毫不困惑的愛恨分明，也交織著難分難解，因而難以說清楚這種情況。如果以七彩光譜集成白光，來想像前述的整合課題，或是對於母親何以既愛又恨，會是什麼情況呢？

　　其實個案覺得說不清楚，是個案以為是以清楚的白光，來看自己和母親的關係，但其實他從小到大的發展過程裡，從把乳房這個部分客體當作是母親，到後來發展成看待具體完整的母親，這中間的發展過程，其實不是只有

兩端點而已，而是如同光譜般的，從乳房到完整具體的母親。也許可以描繪成他有著紅光母親、橙光母親，到紫光母親等意象的存在。

也就是他以為看自己的母親時，該是七彩聚合後的白光，來看清楚自己和母親，但實情是他同時帶著七彩光看著母親，而每道母親之間是不同的色彩。相對於一位整合如一道白光的母親，這種不同色彩的母親，使他感到困惑而說不清楚，光譜般的潛在母親的概念。只是這不是意識上的概念，但對於母親的多重樣貌的描述是常見的，臨床現象簡化的說法是，以七彩光譜系裡有著不同印象的母親，這些如果聚成白光後，讓他可以看見眼前的母親，但是心思裡卻是多重的光譜。

如果從這個主張來看，他所說的對母親的不同感受，不必然只是阻抗，而是涉及整合的課題，他的七彩母親由於每個光的強度不同，因而匯集起來的白光，就有著和他人不同的白，畢竟白也是有著多種的白。

當你看著美麗的菜單，會讓肚子餓成為美麗的事件嗎？

（10）說自己故事時的某種場景

例如，某個案以很難讓人感動的口氣說著故事，他的過去像只是一系列心理學語言的串聯，這些語詞好像只是臨時演員，在街頭被叫來演戲，每個人被分派一些台詞，我們就這樣和這些臨時演員對話著，不能說這是無用的，卻也覺得怎麼會這樣貧乏，直到他說著小時候被爸爸霸凌。

我們想著，到底有什麼方式，可以讓這些故事裡的臨時演員，可以更專業地呈現個案的真實樣貌，讓我們可以更了解，個案的當年創傷和後來的人生。或者這些臨時演員也有了自己的個性，自顧地演著自己，和藉著說話把它們召喚出來的人，有了不同的個性。也許我們可以說，那就是人的多面性，例如雖然他說做生意很成功，也賺了不少錢，只覺得當年的事一直「莫名的困擾」著他。

他希望這些經驗都可以被漂白，或者被趕出去，他不想要這些經驗，因為無助於他做生意。雖然他總是以自己此刻的成功，做為表白這些經驗對他的影響是有限的。從另一角度來說，就算他的人生是成功了，他仍不願接納當

年被拋棄的自己，雖然他說以前的故事時，那些被拋棄者都再回來了，以臨時演員的方式，回來的不全是當年的模樣了。

　　故事裡童年的自己和他者，都長大了，就算是在述說當年的故事，但是人物都不再是當年的小孩了，不過這只是一種比喻，也有的人站在那裡，很堅持他就是小時候模樣的故事，述說者並不知情，在年紀那麼小時，不太可能以他現在記得的方式來記憶自己。

當你看著美麗的菜單，會讓肚子餓成為美麗的事件嗎？

# （11）伊底帕斯情結裡的神祕期待

談談伊底帕斯情結的生與死。

當我們從個案的眾多故事裡，找到一個脈絡，我們宣稱裡頭有著重複出現的模式，我們把這種重複叫做「情結」，和我們的語言裡「打結」的概念是合得來的，是一個「結」解不開在作怪，讓人不由自主的重複某些情感、想法和舉動。有一種情況涉及嬰孩和父母之間三人關係的故事，很接近「伊底帕斯王」的故事，佛洛伊德就這樣引進了一個至今仍重要的語詞。讓我們有機會重新看著事物的表象外，原來還有其它意在言外的真實。

因此只要相信有「意在言外」的可能性，要接受潛意識的存在，就可能不會那麼困難。不過，精神分析畢竟是外來的東西，仍需要更長的時間來觀察它的發展。

就臨床實境來說，關於我們詮釋個案的某些現象，隱含著伊底帕斯情結，這不全是如佛洛伊德說的，是在清晰明白的故事裡，採取分析式的方式來裂解原本的表相，反而更像在不明究裡的雜亂故事裡，連結一些不同的人生故事，並試著推論它們之間相關的深層意義。

本質上，伊底帕斯王的故事，就是生死做為開場，出生後就馬上因神諭，而面臨著來自父王的死亡威脅。

因此出生後，象徵上他是死掉的人，名字不在人世間，身體回來時，他殺了人，只是一場窄路相逢馬車交通細故，而不是刻意要報復自己的父親，因為他不知是誰被自己殺了。那當刻，沒有自己的父親的概念，而是他在早年的失落後，可能就有某種性格的存在，傾向容易發生細故而殺人的事件。

雖然是以諸神的喻言做為背景，但是我們可以輕易地推想，神喻仍有人性的投射和期待，我寧願說那裡頭也有著人的期待。這種期待是複雜曲折的神祕力量，不是意識上想像的期待卻推動著人做著，超過自己的意識能夠駕馭的事情。

也就是，以外在現象來說，是有著某種潛意識的期待，做著意識上不期待的事情，就算以潛意識和意識做區隔，但是在期待和不期待之間是長路，有著曲折迂迴的人性故事藏身其中，這些故事才是真正的重點。如同佛洛伊德說，從被記得顯夢，走進不知情的隱夢世界，真正的焦點在於，過程裡發生的夢工作（dream work），例如濃縮與取代的心理機制，這意味著在不知不覺裡，人是有心理

當你看著美麗的菜單，會讓肚子餓成為美麗的事件嗎？

工作在進行著。那麼在期待和不期待之間發生了什麼呢？

(12) 我們只是袖手旁觀他人的受苦？

至今，我跟大多數精神分析取向的同儕們，仍相信伊底帕斯情結的觀點的確說出了，潛意識心理的一個重要故事。這是精神分析裡天王級的故事，也許以後更深細的探索想像後，可以發現另一個更天王級的故事，來說明另個重要的心理想像。

不過我無意就這樣主張，眼前某位個案的受苦，就是因這種情結，所以現在會有某些問題和症狀，這個結論太簡單了，也可能說了等於沒說。

對我來說，這種簡單結論反而違背治療過程，所需要的等待和探索，過急地想以已知的理論，來套用在個案身上當作結論。這種簡單的答案，是對問題的鄙視，雖然在一段時間的探索後，仍有伊底帕斯情結的推論，不過太早冠上推論，反而妨礙我們對個案的了解。

這是技術課題，也涉及了某種細微倫理的課題，人和人之間在相互了解上的課題，反映的是我們可能犯錯，只因太急著顯示我們了解對方了，反而讓答案遠離了實情。

實情上，答案和謎題之間可能仍有距離，答案如何曲

當你看著美麗的菜單，會讓肚子餓成爲美麗的事件嗎？

折走向謎題，就是一個很深的謎題。畢竟人的內在世界是如此複雜，不過這無妨我提出，值得以微倫理的角度來想像這現象。

我們只憑佛洛伊德所說的態度，就能撐起這個專業在社會裡生存嗎？我們能夠說服多少人了解，並接受這種說法？試想觀察他人的受苦，而被當作只是袖手旁觀，會替我們的專業，帶來什麼批評和壓力呢？我們的行業有被社會大眾允許，就是這樣的角色嗎？或每個人在診療室裡，和不同個案每次見面都得角力一次，我們贏了，個案就留下來，是這樣子嗎？

可見我們這行業是多麼奇怪的專業，是能夠說服社會大眾嗎？或我們和個案保持某種距離，以便我們可以觀察得更清晰，這件事被說得太過頭了，讓他人留下印象，我們只是在旁袖手旁觀？雖然常見某些災難現場，會有不少人聚集圍觀，談論他們所見和推想，變成某種儀式般的場景。

這種情況如果發生在我們的專業，我們被當作不是一般常民，甚至剛剛去圍觀一場災難現場的人，才轉身要離開，如果聽到我們的說法時，可能會脫口說我們的專業太冷血了，竟然不顧個案的受苦。這是不少反對精神分析

取向者的說法，也許可以不用理會，畢竟我們依然活了下來。

　　但是否就因為我們活了下來，而且還活著，我們能夠再想想，這些批評的多元意義？

當你看著美麗的菜單，會讓肚子餓成為美麗的事件嗎？

# （13）思考精神分析理論本身的由來

　　個案經歷過生命早年的創傷後，當他們能夠長大並走進診療室，臨床上常見就算他們這時覺得要改變自己，或者好奇自己是怎麼回事？不論他們有多麼強烈的動機要改變自己，總有股強大的相反力量同時存在著，但這股力量讓我們覺得，好像當年的創傷是種榮耀，就算是傷痕，也是勇敢的人生註記。

　　這些情況呈現在治療關係，會被形容為阻抗的反應，意思是說他仍不願意改變自己，不過這種說法在起初很難被個案接受。他們就在我們面前了，而且努力地說些自己的生命故事，由於他們對於受苦經驗的潛抑，使得他們對於當年的經驗也是斷簡殘篇般，當他們在我們面前，我們是具體存在的客體，如果我們讓他有著某種全安感時，但我們卻說他有阻抗不願改變，這種說法可能是內心深處的實情，但不容易被察覺到，使得他可能會深深覺得受傷，這是技巧上的難題。

　　不過還有更深刻的發現，當個案這樣阻抗時，常是將早年的經驗移情至治療師，也就是當年他是被拋棄的人，

但是走到目前，他們卻常變得隨時要拋棄我們的樣子。不過這並非容易被他意識到，這對精神分析取向裡的關係，對治療師來說，構成了一個很受苦卻也有趣的經驗。由於我們在移情裡，是處於被個案潛在拒絕的角色，雖然他也同時有求於我們，如同當年他被重要客體拒絕的場景的錯置。

這是我們在處理這些創傷者常有的經驗。這讓我們可以從另一角度，來思考精神分析理論本身的由來，這些理論是我們在被阻抗，在我們被負面移情拒絕下，潛在關係裡我們如同不被要的小孩，努力掙扎著要走下去的決心，所生產出來走下去的知識體系。但是本質上，它就如同不被要的小孩，要活下去，而形成自己的理論，由於是在這種處境下累積的知識，自然有它的侷限，因為在被拋棄經驗下的想法，大概很困難真的體會幸福是什麼？是這樣讓精神分析很少描繪關於幸福的模樣？

我這麼說是想要表達，我們對於自己所建構出來的知識，需要有這種了解做基礎，才不致如同這些個案過於錯覺地，以自己的經驗來看世界，並表達對於治療的不信任，而治療師在運用理論時，如果缺乏這種想像，可能會過於相信這套系列理論，讓我們可以在診療室裡殘存下來

　當你看著美麗的菜單，會讓肚子餓成為美麗的事件嗎？

的知識，卻被當作是日常人生的大道理。

　　其實它真的可能只是精神分析取向者，在個案的移情裡，重複被拋棄時硬接招而殘存下來的經驗，如果它有什麼人生大道理，那可能只是意味著，人都是在被拋棄的經驗裡長大，也在這樣經驗裡過著餘生的日子，既有的理論是先人們書寫下來的工作日記和反思。

(14) 除了菜單說外，另有跟書寫有關的記憶模式

佛洛伊德在《關於「神奇的書寫模板」的筆記》（1925）裡，以在羊皮紙上書寫的模式，來說明「記憶」。這是很重要的意象，需要再做一些說明。

在我們的時代，有一種以賽璐璐做為書寫練習的方式，一塊板子底下有一層賽璐璐做成的軟質基礎，通常是做成藍色底，上頭蓋有一張可以被拉起，脫離底層賽璐璐的透明塑膠紙，再以塑膠棒做筆，在透明片上施力書寫，就會讓透明塑膠上顯示出，粘著底下藍色的基底，而呈現出字的樣子。寫完後，可以把透明塑膠片拉起來，那麼字體就消失了。

這是類似佛洛伊德描述的，羊皮紙上書寫的模樣，這種書寫模式和記憶的關係是什麼呢？

理論上只要上層的羊皮拉上來，就會讓字體消失了，但是實情上是痕跡會留下，而且只留下某些字體的某個小部分，然後只要一直使用，就會有殘跡片斷重疊在上頭。這種殘留的字跡，也許被當作是干擾後來字體無法清晰的

當你看著美麗的菜單，會讓肚子餓成為美麗的事件嗎？

因子，不過佛洛伊德卻發現，從臨床實作的經驗來看，他處心積慮想要弄清楚「記憶」的課題，出現了其它的可能性。

也就是記憶像這種在羊皮紙上的書寫，一事接一事後，紙被拉起，但是留有痕跡，再被新的故事堆疊在上頭，就算個案一直記得某創傷事件，如果仔細長期聆聽，是可以發現事件的記憶會被修改的。

如果以修改的角度來說，會可能誤解成是個案刻意如此，但這是指潛意識地被潛抑了，或者如夢般記得某個微小的跡象，來代表那時候的整體經驗。就像我們可能只從後來憶起的和看見的某項小物件或想法，而想到當年的某些經驗，如果以在羊皮紙上的重複書寫來描述，也許會精準些，一般事件的記憶，尤其是創傷的經驗所遺留下來的記憶，大都是如同羊皮紙上，被一再重寫後遺留下的一些殘跡。

只是創傷的感受依然臨床可見，那種感受成為驅動者，但是要從遺留下來的殘跡記憶裡，重建當初是怎麼回事時，會有後來新重疊上來的事件記憶，和原本的記憶殘跡交錯在一起。如果用羊皮紙遺留殘跡的比喻來說，後來很難區分那些記憶的時間軸順序，因為是互相交錯在一起

了，很難區分出那些交織記憶的時間序，而愈早年的故事可能愈是如此。

這種記憶的比喻是很貼近臨床的實情，雖然一般是一件一件說著故事，但是如果和個案工作的愈久，就愈會發現後來說出的某些故事，好像是當年故事完整的記憶，但那些完整性可能是後來依據原有的一些殘跡，而不自覺地補充上去，交織在一起後，就無法區分清楚那些是後來新添的記憶？這是潛意識運作的結果。

除非有人刻意要欺騙，這是另一件事。不過就臨床經驗來說，事後新添的記憶可以說是某種「建構」，是當事者依據後來的經驗，重新設想當年的可能故事，但這是有著一些不自覺的「心理工作」運作著，讓這些被建構出來的新添故事，補在原本的記憶殘跡上。

從這樣模式來說，更像是重新增添記憶，但在心理上是做得天衣無縫般，而不被自己的意識所察覺，因此不是一般所期待的，是被憶起來的當年事件細節，更像是後來補上去的記憶。但是由於心智的運作，只要能活下來，總會像劇場的工作者般愈來愈專業化，讓被新添的記憶更難被自己意識到，它們是新添，而是以古老記憶被憶起來的模樣，是這些心理機制隨著時間愈來愈專業化的成果。

當你看著美麗的菜單，會讓肚子餓成為美麗的事件嗎？

# （15）這些原始能量被馴化後，它還是動物嗎？

　　精神分析裡常以原始、原初，來表達人性裡原本就存在的能量或情感，例如原初自戀（primary narcissism）、原初場景（primal scene）等，佛洛伊德常以原始人的原始特性，來說明他在探索的潛意識世界裡的能量本能等。我們嘗試來想想，這些比喻所帶來的聯想，以及這些聯想所產生的課題。首先，以原始人來比喻個人內在世界裡，不被自覺的那些能量、想像和情感，是指它們是在叢林裡的原始部落嗎？如果是，是否對原始部落有著歧視的意味？

　　也有另一種端點，以原始人有對自然的體悟，而得到的人生智慧，那麼我們以「原始」或原初為名的那些領域，是指著那些所謂無以名之的地帶，或者是難以說出口，或不知如何說的所在？這些比喻都是在表明著，在文字和語言之外的另一個領域，只是就人的發展來說，在佛洛伊德想要呈現的是，那裡有著因為受苦受創，而被潛在地推往那個地帶的經驗。那些經驗是以什麼方式存在著？

這是個重要的謎題。

　　不過，精神分析是在這個假設下，為了探尋何以會有歇斯底里、解離等精神官能症的緣由，雖然現在的臨床想要處理的，不再只是這些精神官能症，不過都還是接受這個原始領域的主張。也有人以動物性來比喻，那些難以名之的所在，也許是和佛洛伊德引介了原我（或被譯做本我）的概念進來，讓大家好奇如何了解原我或本我？由於它的原始性，因為它的原本意思就是英文的「it」，只是為了讓精神分析的論述有所不同，而以「id」做為英譯詞。

　　這也就是我們的「它」，在我們的語彙，它是指非人的存在，也可以說是動物的它，而不是人的他或她。因此它是指動物化的能量，佛洛伊德也用過「馴化」的說法，來說明精神分析的處置，也許也可以說是「教育」，另一種教育，但是動物被馴化後仍是動物，因此原始的能量是什麼？被比喻做原始人，可能會有歧視的課題，如果以動物或動物性來比喻，那麼就需要說明，這些原始能量被馴化後，它還是動物嗎？如同野性動物被馴化成家中的寵物？

當你看著美麗的菜單，會讓肚子餓成為美麗的事件嗎？

 行動和藝術，就比說話更容易
觸及內心嗎？

　　由於精神分析強調語言和說話，雖然在精神分析初
創時，對於藉由不斷說話來補足記憶，並且假設記憶補足
後，對於精神官能症的處理會有明顯療癒。只是經過臨床
實作後，發現不必然是如此簡化，面對內心的困局，語言
和說話是文明的成果，而愈文明的成果是愈遠離原始心理
領域。

　　因此是否有可能是難以觸及，被當作原始領域裡的
情感和經驗，讓以語言和說話做為基礎的精神分析，在先
天上就得了解和接受有這個基本困局，只能窮盡語言的極
緻，來接近那難以言說的領域。

　　除了來自佛洛伊德早就察覺的，是人有阻抗和防衛，
而使得人對於真正的痊癒，不是如意識所期待的那般強
烈。不過可能也和當初設定的，焦慮、歇斯底里、解離等
症狀做為焦點有關，因為一個人不會只有症狀的存在，他
還有其它的部分，例如目前大家接受的想法，某些人格違
常者所帶來的治療困局，雖然這些人格困局也可以使用阻

抗的概念來想像。

　　不過也有一些人不滿意精神分析的表現，覺得只使用語言不足以解決人性的問題，而我們日常生活裡存在且具有一般所說的，具療癒感的事物，因此藝術、繪畫、音樂、文學等，不是以直接說話做爲治療的型式就逐漸冒出來。從廣義的心理治療發展來說，這幾乎是必然，甚至也可說是必要的，包括佛洛伊德就常引用這些領域的素材。不過當這些具有宣洩（catharsis）功能，而有療癒感和撫慰功能，但這些存在百年以上的療癒功能，仍抵擋不住精神官能症的存在，因此這種療癒感，和心理治療宣稱要治療時，兩者之間的差距有多大呢？

　　另也值得觀察和想像的是，行動和藝術，就比說話更容易觸及內心嗎？就可以比較容易表達內心的受苦嗎？果眞如此嗎？其實不必然是如此，例如，我們的經驗是，發現一個人做著自己的夢，或者「夢」有自己的命運要自我表達，但是連在一個人的內心世界裡，「嬰孩式的期待」（infantile wishes）的表達，在夢裡出現時都還會經過「取代」和「濃縮」等心理工作，這些心理工作的主要目的是，自我（ego）運用它的心理防衛機制，讓「嬰孩式的期待」被遮掩後再表達出來。

當你看著美麗的菜單，會讓肚子餓成爲美麗的事件嗎？

這些嬰孩式的期待也可以說是「原始的期待」，而顯夢的內容是被防衛後，才以變形方式呈現出來，那麼我們何以相信，在診療室的個人或團體型式裡的個人，會藉由行動，例如繪畫、戲劇或其它肢體動作，就是能夠直接表達出內心世界裡的受苦呢？尤其是不少受苦也是相當原始，也難以言語來表達。

(17) 情結以死亡方式再度復活，死亡就這樣活生生占據舞台

　　我以「伊底帕斯情結」的概念做為探索的起點，讓我們想想前述的命題，想像「伊底帕斯情結」是個有自主性的主體，它已經在流浪著自己的流浪，或偶跟著已經盲目的「伊底帕斯王」在流浪，國王有女兒安蒂岡（Antigon）陪同，而伊底帕斯情結卻只能孤獨地走著自己的路。大部分人會排斥這個情結，雖然這個情結存在於世間的某個地方，但在心思上可能不被希望屬於你我，使得伊底帕斯情結飽受被拋棄，好像再度回到當年，「王子伊底帕斯」被生下來的時候。

　　就算「伊底帕斯情結」四處流浪，想要結交更多的朋友，讓人認識它，但是它遭遇很激烈的阻抗，大部分都只是有禮貌地歡迎它，說它的存在，拓展了人的視野，讓人們看見了以前看不見的（雖然真正的「伊底帕斯王」看見自己的情結後，已經弄瞎自己的眼睛了。），但一般都是在一陣禮貌的寒暄後，趕緊和伊底帕斯王說再見，好像「伊底帕斯情結」只是走錯家門，它是屬於別人家的情

當你看著美麗的菜單，會讓肚子餓成為美麗的事件嗎？

結。因此要如何創造這樣的情境（situation），讓人們遇見這個情結時，可以開門歡迎「伊底帕斯情結」進入屋內，讓三角情節的故事，得以在「家庭羅曼史」裡開展它的故事呢？

流浪多年的伊底帕斯王，會再走回伊底帕斯情結裡嗎？或者他早就走過了，但什麼是走過了伊底帕斯情結呢？或者走出了伊底帕斯情結呢？也許仁慈的伊底帕斯王已過於年老了，因此他的決定是錯的，因為那些決定可能不是經由他的慎思，而是依然有著他當初年輕氣盛的衝動，在路上和人衝突就殺死了對方，但那是他不認識的父親，也是當年想要殺死他的父親。

在父親死掉後，才讓當年的死亡，以情結的方式再度復活流浪，不過復活的不是生命的復活，而是情結以死亡的方式再度復活，死亡就這樣活生生地占據著舞台。

(18) 潛意識是枯山水？

　　意識和潛意識（或無意識）之間的關係是什麼？雖然有個前意識，被加進來做爲中介地帶，我想嘗試使用山水和「枯山水」的意象，來談談這個課題。

　　雖然枯山水起初是以仿造外在環境的山水爲名，但是經過了美學藝術化，以及佛教意念和意境的想像，結合而成了枯山水。這是一種創造，也是一種建構，但是後來卻成爲另一個獨立的主體，如果說精神分析對人類文明有重大貢獻，就是將原本覺得不存在的潛意識，把它說出來了，佛洛伊德也以誤語或夢等，來說明潛意識的存在，然後讓潛意識成爲主體。

　　不過，這些都是透過對於文字的了解和想像，至於以具象的枯山水，來比喻潛意識，我相信只能說是部分的代表了潛意識。我們相信以多重形象存在的潛意識，會有更多不同的形象和比喻，來說明我們所感受到的某個角落，包括以枯山水來比喻。如果被去脈絡化後，枯山水不是放在眞正山水裡，就少了某種品味，就像一個湖有山爲背景，跟湖是在房舍之間是有不同韻味。

當你看著美麗的菜單，會讓肚子餓成爲美麗的事件嗎？

還是得在歷史脈絡裡想像這件事，一如精神分析開始深入談論潛意識，當我們想像潛意識是什麼時，就會以歷史已有的詞語來描繪它，也許再加進一些其它語彙，這些語彙起初只是要撐起，那些精神分析語彙的背景，就像枯山水無法只看作藝術創作，而是有著佛教語意做背景的意象。

　　精神分析的自主發展和宗教的關係，如何和枯山水意象有關的佛教經驗相互對話，這會如何影響精神分析的經驗和論述？一個值得思索的課題。畢竟精神分析在這塊土地上開展，不可能自外於周遭脈絡的經驗，只是它們和其它的經過對話，而不是橫的移植宗教觀念到精神分析裡。

　　那麼是否意識和潛意識的關係，是山水和枯山水的關係？

(19) 枯山水和山水的關係來想像一些事

　　以下只是一種想像的嘗試，如果以枯山水和山水的關係，來想像潛意識和意識的關係，或者自由和逃避自由的關係。我是想藉由這種想像的對比，來拓展後兩種關係的想像空間，而不會只是落於那是對峙的兩方，無法共容，而是否有著如同枯山水和山水之間的這般關係？

　　當我們談論潛意識時，是無法不談到意識的，只是以什麼方式來談呢？以兩者是光明和黑暗，或者太陽月亮般的關係來想像它們？這些不同的比喻，是有它可能表意的地方，來說明潛意識這個多元特性的所在。不過如果以山水和枯山水，來談論意識和潛意識的關係，這和光明黑暗無法共容的狀態是不同的。

　　不能說無法共容的比喻是不對的，的確意識和潛意識之間，也有這種無法共容的特性，但也有枯山水和山水同時存在的關係，以嬰孩的成長過程來說，對於重要客體印象的形成裡，外在客體和內在客體的合體，如同山水和枯山水同時存在的意象。

　當你看著美麗的菜單，會讓肚子餓成為美麗的事件嗎？

枯山水在山水之間，枯山水不是只複製山水，甚至枯山水反而更被注重，而使得山水成為背景。以人做為主體來說，讓枯山水和山水之間，可以有更美更有深意的對話為目標，就算山水和枯山水各有自己的個性和主體性，但這符合臨床上所見的意識和潛意識的關係嗎？兩者是另有一個主體，在維持著兩者的存在，並讓兩者之間維持著對話嗎？

　　或是如一般想像的，以為兩者是互斥的，是無法共容的，因此我們把人想要自由的對比，是逃避自由，但實情是否更貼近，人是自由，而且同時逃避自由，甚至阻抗自由？這些因子共同構成了人性的實情。如果我們只把逃避自由，真的說成是逃避，這個帶有負面判斷的語詞，我們能夠真的了解，這種被負面看待並被排斥的「逃避」是什麼嗎？

　　也就是，既說是「逃避」，就是帶有結論的說法，而且是不好的，需要的答案是「不要逃避」，這個早就被設定好，且缺乏其它想像力的想法。如果「逃避」是「山水」，而「不要逃避」是「枯山水」，那麼我們對於逃避，是否能夠有更多的想像呢？

　　如果使用枯山水來比喻逃避，也許很難想像，因為枯

山水被給與禪意和意境，而逃避卻好像只是醜陋的存在，只能被排斥？我無法硬以枯山水的美來說它是逃避，但逃避如果被當成醜的事，可能就失去了解它的機會，但並非卻硬要把它凹成是種美，如同枯山水，而是如果嘗試想像，逃避是指另有山水，而逃避是枯山水，那麼會有什麼有趣的想法浮現呢？

　　如果進一步想像，從昇華到逃避之間，這條長路有些什麼風景呢？畢竟如果只是宣稱「逃避自由」，在目前是無法讓我們再往前走下去，因為對於被排斥的東西，例如我們說什麼是逃避自由，它勢必只是等待時機來反撲，不會讓我們輕易的了解它。

當你看著美麗的菜單，會讓肚子餓成為美麗的事件嗎？

（20）統計圖表上一條實線所呈現的 「你又來了」

　　當個案在述說生活裡，和不同人間所發生的事件時，我們可能會覺得，他和所有人的互動出現某種傾向，尤其是如果這種被感覺是重複出現，且是讓人不快的行爲傾向，則容易出現「你又來了」不耐煩的感受。至於如果是重複，但讓人愉快的，大致不會以你又來了來描述。在出現了「你又來了」的感受時，通常是覺得這是明顯可以觀察出來的傾向。

　　假設這是一張統計學圖表上，一條明確的實線，可以很清楚的表現出一種傾向，不過統計圖表上的實線，是來自於很多小點的集結所構成的傾向，這就像是由生活裡，很多不同人事物的故事所構成的不同點，如果以每個小點表示那裡是一個人和人的小故事，而另一個小點則是另一件小故事，就在這些整體的小點集結舖在圖表上，所呈現出來的走勢，是類似於我們感受到對方所說的，不同故事裡似乎反映出某種共同傾向。

　　描述這個比喻是想要說明，因爲當我們明顯感受到某

種傾向，而出現「你又來了」的感受，就會傾向以爲個案可以如我們這般，明確清楚地說出自己的問題傾向，如同看著圖表上畫出那條明確的實線。我們卻可能忽略了，這些實線是假設出來的線，雖然它被畫成實線，實情是它由許多小點構成的圖表。

只是這些小點的集結有某種傾向，而這種傾向被畫出來，如果回到和個案工作的實情來看，每個點有著不同的故事實情，人生是在不同的點間走來走去，而且對個案來說，每個小點都有著他不同的生命故事，不同的回憶，和不同的感受。只是由於治療師可能會覺得，如果要解決個案的問題，就要盡快地讓他看見這種「你又來了」的傾向。

殊不知就他來說，每個小點是個不同的生命故事，是需要時間，他才能從這些不同點的人生故事裡，體會到它們之間有個傾向，因爲這種傾向是集結很多小點後才看得出來的。在治療過程裡某兩三個小點之間，是難以眞的體會出這種共同的傾向，畢竟這種傾向是他一路以來，眾多故事的傾向，光只看兩三個小點，是無法在圖表上馬上畫出這條實線的。

因此個案能否感受到，眾多人生故事的某種傾向，也

當你看著美麗的菜單，會讓肚子餓成爲美麗的事件嗎？

許有些像要在統計圖表上，畫出一條實線，是需要有足夠量的小點才能這麼做，而這些眾多小點的集結，如同個案要述說的故事的量呢。

 # (21) 潛意識世界被我們硬闖進去後

　　當佛洛伊德宣稱，這些症狀裡有著潛意識的痕跡，不能只依著意識的想法和故事，來描繪出這些症狀的真正面貌，就這樣，潛意識世界被我們硬闖進去了。也許如同佛洛伊德常比喻的原始地帶，依現在的標準，我們進入原始地帶時，需要注意和尊重的事項，和他當時不必然完全相同，尤其是在當年白人到處探險的年代，這些都是展開所謂文明之旅的開端。

　　不過，我們已經有了更多，對於原始地帶的尊重概念和態度了。

　　那麼我們對於這套理論，起源於那時代氛圍下，對待潛意識的方式和態度，是否也會受當代的影響？理論和實質上，我覺得每個人都會受影響，也都會受著當代的文化風格的影響，只是這些是不自覺的。一如我們對待古蹟的方式和態度的不同，這也反映著，我們的專業技藝和社會價值觀之間的關係，雖然精神分析不必然一定要順應社會價值。

　　有些意識型態上的進步，例如我們覺得某些更文明對

　當你看著美麗的菜單，會讓肚子餓成為美麗的事件嗎？

待古蹟的方式和態度，不再只是有路就是硬開過去，只以為了好的未來做理由，對我們來說，當然得再回頭放進臨床實境過程，來看這樣的主張，是否能更讓個案自由地談論自己的想像？

也就是對於過去，有了不同的看待方式，也以不同的方式招待過去，土地上的過去，歷史上的過去，或者自己內心世界裡的過去。我們會想要如何策展它們？但是原我和超我，能如想像中被意識的能力所主宰和配置嗎？

至今我們也大致相信，那些潛在的故事和動力，依然以我們難以完全知道的方式運作著，讓我們可能勝利者一無所獲，失敗者卻站在美學上辛酸地受人歡呼？

 **(22) 佛洛伊德的消防隊員被叫來後，如果只取走傾倒起火的油燈**

　　當佛洛伊德比喻，精神官能症的症狀出現，就像火正在燒了起來，那麼火是如何起因的呢？當佛洛伊德開始主張，是有心理的成因時，偏偏那不是可以明白說清楚的動機做爲起因，也就是起火的油燈，是那個深藏不露的潛在動機，那是什麼呢？佛洛伊德開始依著這個想像，逐步建構出圍繞著這個動機論的，各種機制和心理運作的原則。

　　這是巨大的心理工程，性本能和死亡本能的想法，是個最基本的源頭。本能的說法是帶有生理性質的內容，後來他提出了原初場景、陽具欽羨或伊底帕斯情結，進一步呈現精神官能症的起因，和伊底帕斯情結有關係，說到這裡好像終於找到了，歇斯底里的起因，也就是找到那把火了嗎？

　　佛洛伊德的消防隊員被叫來後，只取走傾倒起火的油燈，卻任由房子持續著火的說法，是想要說明一項重要的古老課題，關於精神分析的技術，是不是把假設的歇斯底里情結的深層心理動機，告訴個案，這樣子就可以解症狀

和問題了？那是佛洛伊德從催眠術所帶來的想法，把潛意識的失憶內容加以意識化，那麼問題就得以解決？

　　這是假設，那些被當作目前問題起源的故事或創傷，是起火點，不過當他說著消防員只取走火源的油燈故事時，表示他已知道，處理歇斯底里不再是那麼單純，以為把故事說出來就解決了，這是他臨床實作的經驗。雖然另有一些和精神分析不同取向的治療模式，他們仍主張著佛洛伊德最初從催眠術帶來的主張，畢竟的確有些人是曾因此而改變，但也不是如預期的那般。

　　不過在這裡要強調的，這些改變的經驗，需要再更進一步的探索來說明，是否只是說了當年的故事後就改變了，或這過程中另有著其它因子的存在，並實質影響著個案接下來的改變？

(23) 幽默是對現實的背叛，讓自己可以戰勝現實的受苦

　　超我是什麼呢？是佛洛伊德在他的理論發展過程裡，慢慢打造出來的一個心理領域，他最後在1923年的文章《自我與原我》裡，才敲定了這個至今仍是響亮的語詞。它從《夢的解析》裡就出現了，它的戲分是以監督者之名，出現在夢的製造過程，專門監管把關，不讓那些有違現實和過於受苦的題材，直接流露出來，而逼得自我運作能力改裝那些潛在的材料。

　　後來也一度成為自我的理想者（ego-ideal）的姿態，是在個體發展程遭遇挫折時，對自己總是一種打擊，如何仍保有持續走下去的信心和決心呢？某種理想性的發展是必要的，也許這是錯覺（illusion），不過能夠想像著某種理想性，從人的發展過程來看，的確是意義重大的能力。雖然這些理想性，由於是在應對生命早年時的挫折，常是過於理想的想像，後來隨著事過境遷，而帶有脫離現實的傾向。

　　不過畢竟是發展過程裡，人在脆弱裡得以相信可以走

得下去的重要想像，但同時它也有著嚴厲的一面，在佛洛伊德在後來說的，自我是奴僕，而原我、超我和外在現實是嚴厲的三個主人時，就是呈現了超我有嚴厲的一面，它總是要自己的期待被滿足。後來在發展出「超我」這語詞時，這些特性就會被超我這語詞給接收，而成為超我特質的一部分。

也就是它具有的理想性，是在很小時候的感受和想像的現實為基礎，所打造出來的理想性，使得長大後面對新的現實時，常常變成了過於嚴厲的理想，不過佛洛伊德在《論幽默》裡提出了，一個長期被忽略的，「超我」的另一個角色功能，佛洛伊德談論幽默（humor）的態度時，表示這是超我運作的成果，超我一邊否認（disavowal）現實，同時提供了錯覺（illusion），讓生命的受苦不會淹沒走下去的力量。

他也提及幽默是對現實的背叛，而讓自己可以戰勝現實的受苦，並且因此而有了愉悅，相對於他在論述，說笑話（jokes）和詼諧（comic）時，認為是「自我」的運作，雖然帶有歡笑的性質，但本質上具有攻擊的意含。而幽默則是來自雙親特質的遺留能力，提供馬上對自我的撫慰，讓自我不致於被創傷經驗打敗而太受苦。

幽默和說笑話不同，笑話是自我運作來詼諧地表達攻擊的方式，而幽默更像是一種態度，它是超我的角色之一，他說超我是來自於雙親的內化產物，雙親的功能具有照護嬰孩的功能，是對遇挫折而受苦的嬰孩，提供某種錯覺，可以撫慰嬰孩的能力，因此幽默態度的發展，是需要雙親有這種能耐。

當你看著美麗的菜單，會讓肚子餓成為美麗的事件嗎？

（24）每個黑暗破碎小故事旁，都有一盞小油燈閃閃爍爍

　　就心理結構來說，在創傷後殘存下來的破碎感，又要撐著活下去的狀況，是像一座古城堡，堡內是破碎零散的小隔間，每個隔間裡都有著自己的故事在傳說發展，也各有一盞小油燈持續亮著，彷彿每個黑暗的破碎小故事旁，都有著一盞小油燈閃閃爍爍。但它照亮的是黑暗小故事的背景，而不是照亮了黑暗的小故事。

　　常見的是有著小油燈的光明，但是黑暗的故事，仍在小油燈下過著自己的日子，就像無論多麼文明，或法律多麼嚴格的社會，都有著黑暗的故事。如果文明有著如同油燈般亮光的特性，但一如在文明之下，本能被壓抑的不滿依然持續存在。

　　這個意象是要說明，個案來分析治療時的景況，常是讓治療師覺得，很難看見個案真正的心意和想法，因為大部分的故事和訊息好像都隱身在古堡的小隔間裡，分散在不同的隔間，但這樣就變成了好像是不同的故事，雖然治療師聽那些故事時，覺得它們之間可能是，來自早年的某

個相同故事的後續或殘留。

　　每個小隔間裡有著，原本故事破碎四散後的某個片段，但是個案在說明自己的故事時，卻發現原本只是故事的片段，卻被添加了情節和內容，讓原本片段的故事，變成一個乍聽是完整，有著原因後果的故事。這可是臨床常見的現實，不過大家可不要誤解我這種說法，是批評個案刻意假造故事的情節，畢竟如果有人刻意要假造，這是另一件事，不是本文所要探索的事。

　　這裡所說的是，潛意識的運作所帶來的現象，例如這種現象也會出現在，我們述說夢內容時，一般來說夢是片段，難以意識上馬上連貫起來。但是當我們要跟另一人說夢時，常見的會不自覺地穿插進一些內容、詞彙或因果關係的連結詞，而讓夢被說時變得容易了解，或變得有它的前後因果關係的浮現。

當你看著美麗的菜單，會讓肚子餓成為美麗的事件嗎？

 **(25) 聯結耳語流言要做什麼呢？**

　　我們都在說話，我們也相信有意在言外的情形，如果就潛意識失去的記憶，再憶起來成為意識的內容，這是可能的事嗎？或者只是一種幻想，尤其是指發生在語言和語意表達，都還匱乏的嬰孩期，偏偏精神分析從一開始，就想要把觸角伸進，那個至今仍一再被不同定義的，潛意識或無意識的領域。但是把觸角伸進去，只為了打聽有什麼童年的耳語流言嗎？

　　然後把那些童言童語紀錄下來，成為童話故事，或者成為另一種神話故事，就是精神分析的任務嗎？其實這是一種夢想，但幾乎或確定是不可能完成的任務，佛洛伊德起初以潛意識的失憶，變成意識記憶的過程來說，如同書寫的神奇羊皮紙般，不過就臨床來說，會遭遇的難題是已經沒有人，可以就「歷史事實」來確定，目前所記憶的故事，就是當年的故事？以及它有多麼完整，是否還遺漏了重要的訊息？

　　就臨床效用來說，早在佛洛伊德的時代，就知道個案症狀的消長，並不是記憶補足了，然後問題和症狀就會改

善了。因此有了「阻抗」的說法浮現，使得了解阻抗並加以處理，成為技術的重要部分。也許不同的分析師或治療師，會有他們各自的某些祕方，其中有一個比喻值得被了解和思索。

例如，比昂的linking的概念。這個字直譯是聯結，但是實質上這是什麼意思呢？這個概念已被不少分析師接受，並被當作是重要的技藝概念呢。因此需要想的是，要聯結什麼跟什麼，以及用什麼做為聯結，聯結之後要做什麼呢？

需要回到記憶的概念為基礎來談，如果假設生命早年創傷後的破碎感，如同一般說的心碎了，所引發的分裂機制的運作，那麼變成的是四散的記憶碎片之島。這種比喻是貼近臨床的實情，個案會說一些故事，乍聽會讓我們覺得，那些故事之間是有關的，但是個案卻不這麼認為，也就是個案說出來的這些故事，可能有一條隱形的關係線存在著，這是什麼意思呢？

也許我們會大意地以為，既然隱隱可見的相關，有著牽連，把它指出來不就好了，這是很自然的反應和期待，只是就臨床來說，這可能忽略了，那些隱形線其實是很難再被看見，尤其是和早年的創傷經驗有關的內容，如果回

當你看著美麗的菜單，會讓肚子餓成為美麗的事件嗎？

到比昂對於聯結的攻擊（attack on linking）的描繪，他的經驗是來自克萊因的想法，把這種潛在的對於相互聯結的攻擊，變成難以整合而四散的經驗，回溯到生命最早年時死亡本能的作用。

這意味著是把根源拉回到，還無法使用長大後的語言來記憶故事的階段，這是精神分析在後設心理學的主張上，很重要的一個假設。當後來的問題或症狀的起源，是來自於不是成人語言體系做為故事的記憶方式時，那麼精神分析使用語言做為主要的工具，就會面臨的難題，如何談那些往事呢，不過大家也都知道，一定是還有意在言外的內容。

甚至某些只能是透過行動，才會被發現的心理現象，只是我們面臨的挑戰是如何解讀，比昂在提出死亡本能對於聯結的攻擊，讓一些原有關聯的故事，無法被接續在一起來思考，那意味著如何聯結，再接回原本的關聯？是值得思索的技藝方向，但是如何想像這種說法呢？

我以如同在兩河岸間或海中孤島間造橋，來比喻四散的潛意識故事的聯結，當我們面對個案因創傷而記憶如同海中散置的孤島時，我們能做的是什麼呢？如果我們可以凌空而飛，我們就會說著兩個島嶼之間有什麼歷史的聯

結，但如果只能坐船來往孤島之間時，情景是不同的，如同人類學家需要研究孤島之間的某些生活細節，再來推想兩個孤島之間是否有什麼關聯？

　　因此我們需要的，也許是先要造座橋，讓孤島之間可以交流，讓不同的故事可以交流互動，也會交流著不同想法和經驗，就像假設來自相同祖先的不同分支，他們各自在孤島上生活多年了，對於祖先的行跡也只能傳說，畢竟精神分析要推想的「童年」，不全是以日常語言記得的童年故事，也許會是以如同神話寓言或夢的事跡被記得。

　　這些各自的記憶，常是破碎片斷如孤島，雖然可能錯覺地以為是完整的當年故事，它們是需要透過橋樑來回互動來往後，才可能有新的意義被產生，也才有機會透過這種過程，發現曾有的某些關聯，然後有更多的新意來說明曾有的發現。

　　就像孤島之間有了橋樑後的交流，會有新意義的產生，也可能驚訝地發現歷史上曾有的關聯。這是相互交織的過程，貼近臨床實作的經驗，是在新經驗和新意義的發展過程裡，驚訝地發現早年曾有關聯的一些歷史故事。

　　如果要說心理治療的經驗，是比較像這樣的過程。一般常是較忽略新意義的產生，而更意圖要在舊故事裡建

立聯結，以爲找到了歷史上過去的聯結，就可以讓人有更多的了解，但就像博物館裡物件的策展，如果缺乏當代意義做爲背後的理念和基礎，只是把古老物件搬出來展覽是難有共鳴。如果缺乏共鳴，就只會產生短暫的效應，覺得「原來是這樣」，然後就過去了。這些古老的故意的意義，是需要在有新意的當代意義裡，相互扶持，相互共鳴，才可能會有新的創意再往前活下去。

(26) 記憶如恐龍的骨頭，如何拼湊出自己的模樣呢？

　　我們的世界裡，除了文字外，我們如何相信在文字之前的故事呢？或者只要如兒童看了被製造出來的恐龍，覺得好可怕但又好可愛，這樣子的感覺就好了，不必要多追究這些恐龍是如何從沾滿泥土的骨頭，變成可怕或可愛，有皮膚有皺紋，還有表情的恐龍呢？這個變身的過程是如何做到的呢？雖然永遠會有個疑問，這些恐龍真的是當年的模樣嗎？但是這不妨礙大家持續想要讓恐龍有個樣子，就像人們會希望讓當年的事件經驗有個它的樣子。

　　當考古學者在某個地方挖出骨頭後，首先得確定它們是骨頭，它們是什麼動物的骨頭呢，如何拼湊這些被挖掘出來的骨頭呢？骨頭之間的位置，以及一根和另一根之間聯結的角度是多少？拼湊出所有骨頭的位置後，骨頭之間的肌肉群會是什麼模樣呢？肚子會需要多大呢？腳趾是什麼樣子呢？皮膚是什麼模樣，什麼顏色，什麼樣的皺紋？那些地方有皺紋，那些地方一定不能有皺紋呢？

　　它的臉部表情呢？這是重要的關鍵，影響著小孩是不

是會喜歡它們，或覺得令人可怕？很可愛或者只是滿臉猙獰，誰來決定這些呢？

　　其實，製造出一隻恐龍的過程和結果，有些像我們臨床家在診療室裡，聽著個案描述他們古早時候的故事過程，然後我們形成對於個案的問題是什麼模樣，是受苦，是歡樂，是悲傷，或極樂？精神分析自佛洛伊德以降，至今仍不斷在診療室裡，依著個案說著他們當年片片斷斷的故事，再一起組裝成他是什麼樣的人？可能有那些細節要再添加進去，才會構成更完整，更可以被現在所了解？

　　由於精神分析採取一周多次的模式，因此有相對較多的機會，來觀察這些故事裡的重複或相違矛盾之處，試圖了解這些差異，對這些記憶有更多的了解，不過這都是基於在目前如同取得恐龍的骨頭，採取事後回顧方式，所拼湊而成的記憶模式。

 **(27)** 情結是復活的王子或被忽略的
奴僕的某種想像

　　雖然情結的概念被當作是重要理論，我常覺得，「伊
底帕斯情結」這個語詞，在社會上是已經死掉或被忽略的
語言。如某些個案說著當年的故事，我們聽得出，他以一
些日常用語，或專業職人以術語來說明或總結，卻讓我們
覺得很空泛，很難踏實地理解。

　　好像是一句死去的語言，死語言走著空洞無神的步
伐，走到我們眼前。就算是頂著國王的皇冠，卻只見它的
沉重，描繪著當年活生生的受苦，如今在說出時卻讓那場
受苦死掉，以死掉的樣貌出現在我們眼前。但被順口說過
後，就如飄散流浪的風的聲音，不被當作值得再細思的
話。

　　就像一句原本很有力的叮嚀，被重複的說出來後，就
不再是被敬重長輩所說出來的當年勇了。雖然伊底帕斯的
確在路上狹路相逢，就勇猛出手把一位國王殺掉了，那個
國王曾經因為神諭，王子長大後會殺了國王。國王就派人
要殺死剛出生柔弱的王子，不過很少人談那位奴僕，如何

　　當你看著美麗的菜單，會讓肚子餓成為美麗的事件嗎？

出手相救王子的故事，這位奴僕才是真正改變歷史和神諭的人。這位奴僕卻像是沒名沒姓，不曾存在的人，雖然他或她應該有著自己的名字，就像我們的理論裡，「自我」（ego）是奴僕，它服侍著三位嚴苛的主人，原我、超我和外在環境。

至於某些模式，或是某些術語，會隨著時間而老化，難以挑起大家的注意，引起大家的好奇和興奮，就像讓某重要情結如同死掉般走著空洞的步伐。雖然「情結」已成為獨立自主的客體那般，行走在心智世界裡，但是否人的心理經驗，輕易讓重要的概念被遺忘，如同那位救了王子的勇敢奴僕？

一如個案說，人都有潛意識，但是在談到某問題時，我們指出，那裡有著潛意識的動機活躍著，他卻馬上否認，好像要讓那個潛在動機死掉，那是新誕生的王子，不能讓王子活下去，國王決定自己出馬，要親手把那個動機殺掉了？在我們的內心裡，誰是國王呢？

(28) 三角情結的脈絡和倒三角形式的鑽進故事深處

　　相對於只是在等待，要在個案身上看到三角情結，從他的故事來證實我們看見了，好像我們去旅遊，一定要看見旅遊指南上記載的著名景點。我們看見了什麼的興趣，是比個案走過了什麼還更重要，而不是回到觀察一個情境，讓故事再上演的過程？治療的過程裡，呈現了兩人一心一意的，只想要往當年的那個故事裡走過去，途中所出現的想法或情感，都被當作是旁枝末節，是干擾治療雙方走到那個故事的阻礙？治療師會常覺得，個案怎麼又跳過那些重要的事情和情節呢，而談著一些分岔出來故事？所謂分岔的感覺，好像假設有一條通往陳年舊事的大道，只要我們走在這條路上，或者是急切著想要深挖出，那些故事的所在，而一直往下深探？

　　如果是這樣的治療流程，在地形學上所呈現的是，一路往下挖的結果，是成為一個倒三角形的地帶，如果純粹從地形學的角度來看，當兩個人只是一直往下挖，是愈挖愈往下時，其實兩人之間的活動空間是愈來愈狹窄，當活

當你看著美麗的菜單，會讓肚子餓成為美麗的事件嗎？

動空間是愈來愈小時，在治療雙方所呈現出來的是，就是對個案的某項問題有更深入更多的了解？

這樣的結果讓問題的周遭脈絡變得愈來愈小，好像這些問題和經驗是在某種真空狀態的事件，沒有前面的其它事件，也沒有後來和周邊新搭進來的一些經驗，這是不可思議的忽略，不過卻是被輕而易舉的帶過，也許這反應著，人們是多麼渴望想要知道，往事到底是什麼，但不太想管往事和周邊脈絡有什麼互動？

呈現在臨床實作的過程，就像是故事愈說愈深細，卻愈來愈少事件的周遭脈絡，這樣的結果造成了治療雙方會傾向覺得，怎麼了解這麼多了，卻是覺得愈幫不上忙的感覺。反而好像知道愈多後，卻變得只是更容易浸淫在無力感裡，覺得幫不上忙的感受。因為只看見問題，卻在缺乏故事的脈絡下，而無法了解原本問題，是在什麼情境下變成今天的模樣？

用具體的比喻來說，就像兩人在愈來愈窄的思考空間，變得只要一動就會動到對方，反而變得更是動彈不得的處境。臨床上易呈現，只要治療師或個案想要掙扎一下，希望有個自己的空間，就很容易變得是在推擠對方，而變得衝突更多，甚至連個微小的轉個身，都變得很困難

而呈現焦著狀態。

　　回頭來看這個過程，是和「自由飄浮的注意力」的策略有所不同，這種深挖故事如同倒三角形的治療過程，是一心一意假設，某個場景是兩人趕路要走到的地方，但是走到後卻發現，失去了能夠了解周遭情境脈絡的機會。

　當你看著美麗的菜單，會讓肚子餓成為美麗的事件嗎？

(29) 影子的真我是真的嗎？主人的假我是假的嗎？

　　回到日常生活裡，不要假我，只要真我的需求和渴望，的確是存在的，只是大家口中的真我和假我，每個人說的是指相同的內涵嗎？或者只像大家都知道有夢的存在，但是夢是什麼，它的意義什麼，大家的想法是有很大的差異。當一個人堅持不要自己的假我，要做自己的真我時，這句話裡的期待是真實的嗎？或者這種真實更像夜間的夢或白天的夢想呢？也就是真我假我的內涵，可能隨著不同人而有不同內容，甚至對真我的定義內涵，不同人之間可能有相互衝突的內容，在假我方面也可能如此。

　　那麼我們只是要去區分，真我假我的內容是什麼嗎？或者它們像夢一樣，是值得分析的，真我假我的想像內容，就像是顯夢的內容，是需要被分析才能了解它的可能意義？如果這麼想，就需要對真我假我，不是抱持不要假我，只要真我的態度出發，才有可能了解它們的真正意義。一如我們不要對夢內容先有價值判斷，那麼才有機會了解夢內容的多重意義。

雖然可能有人會覺得，眞我假我不就是那麼明顯的內容了，何必這麼大費周章，只要定義出眞我假我是什麼，就讓大家有了依循和努力的方向了，讓大家都努力做眞我，那才是做自己？而將假我丟掉，那麼人生就會幸福美滿了？這簡化了生命實情的多元和複雜了。

　　我先試著舉出一些任意的想像，再回到溫尼科特對於前述命題的想法。從臨床可見的是，拼命找那個眞的自己，後來卻發現並不是那樣，然後就一直尋找，是否眞我如同陽具欽羨時，一直尋找的那根已失去的陽具呢？陽具欽羨本身是一個比喩，這讓眞我是什麼變得更複雜，不過如果不想簡化，而想有機會探索更多可能性，這倒是一個想法。

　　另外，假我如果是影子，既是影子就有個主人，只是如果依著安徒生童話裡，有一位影子在走失而和主人失聯後，後來娶了公主，怕被知道眞正身分只是影子，因此想去殺死眞正的自己，因爲主人知道他只是影子，不是眞正的主人。

　　如同這個童話裡，反映的某種眞實，就是影子充塞著我們的日常生活，也是佛洛伊德開始說的，人不是如自己想的，意識決定自己，而是潛意識發揮著力量。如果將安

當你看著美麗的菜單，會讓肚子餓成爲美麗的事件嗎？

徒生童話裡，影子也有自己的位置，自己的欲望，依著這些來想像的話，是接近精神分析談的潛意識力量。

（30）蛛絲馬跡裡，尋找它原本是什麼的可能性？

　　一般說著早年的故事，尤其是失落創傷的經驗時，試想我們想像著個案的某些問題，可能和當年的某些經驗有關，但那些是發生在生命很早期的時候，例如佛洛伊德談論的伊底帕斯情結，約是兩三歲；克萊因談論的是，嬰兒的嘴巴尋找母親的乳房的經驗，而溫尼科特談論的是，母親抱著嬰兒時，兩方身體細微互動的影響？這些經驗都是無法以語言方式，來記憶的事件經驗。

　　如果將這些經驗，以文字書寫來比喻，就像是寫在羊皮紙上的經驗記憶。但是隨著時間，有部分被淡忘，而所剩下的部分，就如同一個字的某個部分，在一般的想像上，是以一些記憶做為原先事件經驗的存檔內容，只是這些留存下來的記憶，是事件經驗的全部？或只是一部分，如果只是一部分，那麼它是有多大的部分呢？

　　留存下來的是重要的事件，或者事件的旁枝末節，就創傷事件來說，那些太受苦的事件記憶可能會被遮掩，反而當時的某些枝微末節被記憶下來，做為未來回憶的基

　當你看著美麗的菜單，會讓肚子餓成為美麗的事件嗎？

礎。生命早年承受創傷者的記憶常是如此。

　　但是新的記憶和文字，也一直堆積上來，以人的記憶來說，就像是很多字的部分堆在一起，其實這是符合診療室裡聆聽個案的經驗，就整個大事件來說，能夠被記憶的內容，可能只是如同一個字的某個小部分，被留在羊皮紙上，而我們只能從這些片斷的字跡，或所謂的蛛絲馬跡裡，尋找它原本是什麼的可能性？有些可以拼湊出原字，有些則是難以達成這種拼字的成果。

 **(31) 是誰在做自己呢？**

　　溫尼科特使用眞我和假我，這兩個日常用語是要表達什麼？眞我是實質的存在，或者只是一種比喻呢？它是要比喻什麼？

　　先以臨床的圖像來說，通常個案會浮現要做自己，眞正的自己時，是在覺得自己被壓迫，而自己已經隱忍很久了，因此想要說出眞正的想法。這些常是那些憤怒反擊的話或動作，如果再細想這些不滿，就眞的是他自己，他的眞我嗎？可能個案又會否認，覺得自己只是反擊而已，那不是眞正的自己，眞正的自己是很溫和的。

　　這是臨床常見的景象，我們怎麼看待這個情況呢？個案能否說清楚自己定義的眞我，眞的自己是什麼嗎？通常也不太容易，常是說了也覺得還不足夠，或不全然只是那樣，不過要做自己，追求眞我，並且要丟掉假我的說法，實在太流行了，被當作是不少問題的理由。因此就變成了解決不少問題的來源，好像只要能夠做了自己，那麼原本的問題就可以迎刃而解了。畢竟這不是臨床常會得到的實情，因此需要尋找一些想像和比喻來看這個命題。

當你看著美麗的菜單，會讓肚子餓成爲美麗的事件嗎？

溫尼科特對於眞我和假我的想法，是值得做爲借鏡，幫助我們思考臨床的困局。他主張眞我是一堆活生生的生命有機體，也許可以說是接近佛洛伊德主張的生的本能的能量，如果缺乏它們，就會讓人覺得活得不夠眞實的感覺。但由於有以名爲保護眞我而存在，卻是假我的保護方式，可能因過度焦慮懼而把眞我悶著，以免眞我受到傷害。或者假我會比較有彈性地保護眞我，讓眞我比較有展現的空間。他所主張的假設，是接近佛洛伊德的自我防衛機制。

　　溫尼科特的主張，並不是要踢除假我，追求眞我，他的定義是，假我也是必要的，如果沒興趣了解假我，那麼探索眞我也不甚有意義。如果眞我的活生生的力量和眞實感，缺乏假我的運作，或者說缺乏自我的防衛機制的運作，空有眞我感也無法達成什麼目的。我的比喻是，就像畫家光有很原始的創意和熱情，但是如果缺乏自我的功能，來操作各項畫出一畫的能耐，就等於是空有原始的創意和熱情，卻一事無成。但是他也不是主張，既然假我有功能，那就維持假我，因爲假我也可能會運作過度防衛，而變成讓眞我窒息。

　　他的主張是，假我和眞我都是主體，他在《自我的扭

曲：眞我和假我》裡，將眞我和假我的互動關係，分成五種模式。從假我一直保護眞我，但是限制過頭，直到兩者有好的互動，是健康的假我和眞我的關係。假我的功能是負責防衛眞我，但可能防衛過頭，而眞我則是重要的驅動力，也是人會覺得眞實感的重要來源，也就是人會覺得活得眞實感，並不必然是來自於成就感，而是一種很本性的存在感。

如果從溫尼科特對於眞我和假我的內涵來看，跟一般覺得被壓抑而憤怒，把做自己當作是表達出深藏的怒意和不滿，兩者是不同的說法。但並不是一般的說法就是不對的，畢竟什麼是眞假，什麼是眞我和假我？本就是一個開放式的命題，就算溫尼科特的論點是更貼近我的經驗，不過我相信他的說法，對於閱讀者來說，仍可能會有不同的解讀和想像。例如，大家會如何想像，那一堆被叫做眞我，活生生的東西是什麼模樣？

如果眞我有個形象要站出來，在劇場上演出自己呢？如果你想到的，一位氣沖沖的人走上劇場，一副要找人吵架的模樣，這可能就接近前述的，那種覺得眞我是被壓迫，而要回頭伸張自己的樣子，假我呢？在劇場裡會如何上場呢？它的形象是什麼模樣呢？如果你想像的是，你根

當你看著美麗的菜單，會讓肚子餓成爲美麗的事件嗎？

本就想要把它剔除在自己之外，不願承認那是自己，看來只是不斷唯唯諾諾的人，那也是前述一般常見的假我的圖像，而不是溫尼科特的主張的真我和假我。

（32）重要術語在日常化後，卻變成像是半死了？

伊底帕斯情結出現在社會上，很日常卻是如同死亡的話語，是否因為這些失落創傷所帶來的破碎，對大部分人來說，是比想像中還要根深蒂固。

至於有人會說，伊底帕斯情結是「弒父戀母」，因此推論說，如果要「做自己」，就是要依照這個情結去做些象徵上弒父，主張這才是走向獨立做自己。我覺得這種想法，是伊底帕斯情結在社會裡已死亡的例證之一。因為這種想法和做法，是把原本精神分析的探索和想像的用意，轉生成催眠式的暗示或建議，才會有著人要依著伊底帕斯情結去做些什麼，而不是靜靜在人世間的起起伏伏，觀察著一些潛在脈絡裡，隱隱浮現的情結，是如何糾纏著自己，在我們難以看清來龍去脈的人生故事裡。

在面對臨床的複雜性時，精神分析的文獻，可說都是意義濃度高的文言文或古語文，需要我們來稀釋或翻譯它們，以當代的語意，重新消化和理解它們，而不是只是一堆指令的令符。這需要我們開始尋找語彙的過程，因為經

當你看著美麗的菜單，會讓肚子餓成為美麗的事件嗎？

典文章裡的論述，用當時個人風格的語言，我們後來的閱讀是再詮釋和翻譯，需要找出新語言和新一代溝通，不然面對重要術語在日常化後，卻變成像是半死了，不再是刺激大家再思考的語詞。

　　不會只是伊底帕斯情結，另外例如歇斯底里、自戀和認同攻擊者等，都是日常用語了。這種現象只是加強了，我們原先所想的，得親身到診療室，才會真正了解體會這些術語，所要指涉的經驗和情感，我無意推翻這種論述。但這不表示，我們要放棄在社會溝通裡，尋找被消化過的術語做為工具，和診療室外的人做溝通。

（33） 對於分裂機制後的撕裂，提出了「扁擔論」或「橋樑論」

　　如果從意識的角度，來處理臨床實境所呈現的問題，常就會在兩個選擇裡，判斷那一個是最符合現實的利益，不過如果個案的問題，是源於早年的分裂機制，那麼就算解決了眼前的這場矛盾，仍將有另一局再現僵局。也就是問題是在於心理深層的兩極化處境，會不斷地透過各種生活事件，出現對人或事的困局。遭遇這種情境時，最常聽到的方式是，要如何整合兩端？這種說法是合理，意味著不是排斥另一端，而是兩者的整合。

　　但是什麼是兩極端的整合呢？實情上更常見的會是，期待某一方的退讓或消失，試想會造成矛盾的兩端點，勢必是勢均力敵，才足以形成所謂的矛盾。不然如果有一方很弱，就構不成所謂的矛盾了，那麼如何看待我們的處理方向，可能不是硬要剔除某一方？對於這種局面，我們需要什麼樣的想像，做為我們處理的方向和依據？

　　我提出「扁擔論」或「橋樑論」，針對這種臨床現象的處理方式，不是馬上可以解決問題，但值得來觀察是否

當你看著美麗的菜單，會讓肚子餓成為美麗的事件嗎？

能有更大空間來想像，分裂機制所衍生出來的兩極化的課題？而且可以接近精神分析所強調的，中立或分析態度所帶出來的自由。所謂扁擔論，是指如何在兩極端之間，建構出如同一根扁擔般，用來承擔兩端的工具，至於如何做才是扁擔論的想法呢？

　　大致是先不是要整合什麼，而只是讓兩者可以並行存在，這不是忽視兩者之間的相互對立——源於分裂機制而來的兩極化，才有機會不會因為過於想要排除一方，而帶來不斷的衝突。因此扁擔論，也許更貼近是一種態度，如同以扁擔挑起兩極化的內容和現象。也許有人以包容或忍受兩極化做為表達方式，我是以具體的扁擔做為大家思索的基礎。

　　至於橋樑論，是指在被分裂機制所撕裂的兩端，如同孤島之間，搭建一些連結讓孤島間可以交流，至於交流後被撕裂的兩方，如何慢慢互動有了新的看待自己和對方的方式，這是處理生命早年受創，而有分裂機制過度運作，面對兩極化現象的重要處理方式和態度。

(34) 我們看著星空裡，如星座群組成的情結

　　我們做為精神分析信徒，仍需要精神分析的後設心理學，幫我看見和想像一些事，雖然以信徒自稱，可能會被以為難道精神分析是宗教？我不能排除精神分析本身和團體，總是有一些宗教的團體氛圍，畢竟精神分析不可能是一個人的事，但是和宗教有何不同之處，在其它文章再來細論，要讓自己的走向和想法，和其它模式有所不同的話，是需要回到精神分析自佛洛伊德以降的後設心理學。

　　但這只是表明你是什麼身分？你是誰？並沒有說你是全世界最對的人，也不是說你就是永遠站在對的一方。如果是這麼認為，那我們那裡也到不了，只能在原地打轉，說得很喘，但是愉快後偷偷流淚吧。

　　我們做為專業職人，需要精神分析的星空。我要提供的圖像，是我們看著星空裡，如星座群組成的情結，例如原初場景或伊底帕斯情結等，都是遠方星空裡的圖像，一如希臘神話的人物，由幾顆星星組成被高掛在星空中。那是我們專業職人時時仰望觀察的星座，有著情結之名，但

當你看著美麗的菜單，會讓肚子餓成為美麗的事件嗎？

需要想像它是什麼？因爲它是如此遙遠，卻又是可以看得見。這種想法和一般常覺得，情結是可見的，但是我們了解它的說法要有些不同，不要以爲它是在地面上可以輕易走得到。

　　我只是服膺比昂對於生命「無可確定」的觀點，人確實是無可確定性的，就算我們可以很快的觀察出某些三角情結，然後很快診斷說那是伊底帕斯情結，但是要走到那裡，是很遙遠的路途。

(35) 沒有純然的哀悼這件事，有的是哀悼和憂慮的混合

當波特萊爾說著：死亡如大海，人生是水波浪，這句話有詩意或有哲理的深意，不過大家是需要知道，死亡如大海是句象徵，雖然臨床上，有些人在意識上一直處於在尋死，不過我們要探索的更是，潛意識裡死亡的樣貌，以及它是如何作用著，並嘗試觀察和想像，它會如何影響著我們的一生？佛洛伊德在建構精神分析這項文明事業時，很早就提出了死亡本能的概念。

在晚年，佛洛伊德也提出了，人生的璀璨是由於生的本能和死亡本能的交織。不過這些美麗言詞的真正意義是什麼呢？是否為了遮掩死亡在大家心中的陰影，而需要以一些創意來美化它？讓它不再是如此難以面對？雖然也可以想像，何以有人只是希望談論如何生存，例如不知生，焉知死，但總也是難以不面對死亡的各種隱喻。

例如，日本人對於櫻花在風中落下的美，以及對於失敗美學的描繪，或者我們的佛禪宗從死亡談起人生，不過這些說法都不是談論如何去死，而是各自描述著大家曾經

當你看著美麗的菜單，會讓肚子餓成為美麗的事件嗎？

有過的，某種死的感受或經驗，並觀察和探索它對於自己的影響？

不過，死亡無法談自己的死亡，而是生者談論死亡是什麼？這是純粹的想像，或是在生命發展過程裡，心理上的確有死過的經驗？這種早年的經驗構成了後來想像死亡這件事的基礎？但果真死亡無法談論自己的死亡嗎？如果在劇場裡有聲音說，自己就是死亡，它想要談自己，看戲者可能不會覺得違和感，好像那是某種心聲？

意味著多多少少有能耐，想聽聽死亡會說些什麼，也許這是個重點，什麼時候是最有可能最接近死亡的經驗？克萊因以斷奶做爲失落經驗的重要起點，不過失落和死亡經驗之間的關係是什麼呢？兩者在心理感受上，似乎是相當有關連，甚至在重大失落，尤其是重要照顧者失去後，會感受這種失去是死去，一種死亡的經驗。

更厲害的是，如佛洛伊德在《哀悼與憂鬱》裡提到，嚴重者會覺得自己也跟著死去的人去了，自己也不見了，這是憂鬱的成分嗎？那麼果真能夠沒有這種憂鬱感受，而只有死去者死去了，自己仍然安在的純然感受，而完全沒有自己的某些部分，跟著失去了嗎？

我是主張，沒有純然的哀悼這件事，有的是哀悼和憂

慮的混合。也就是每個人都有著，已經隨著早年的某些失落經驗而死去了，人沒有完全忘記這部分，只是以不同的方式記得，曾經發生過有自己的一部分死去，理論上這種某部分的死去，是和重要客體的消失有關。意味著人的生或死的經驗，都是和客體的經驗有關，而不是只有自身的自然反應，雖然生的本能或死亡本能是個人自身的基礎，但是某些經驗的產生，是和重要客體的互動經驗，加上個體的想像，合起來而成生或死的經驗。

就臨床事例來說，某些個案雖然努力做了不少事，但總覺得生活很空洞，這個空洞被用empty來描繪，但是空洞就只是空洞靜靜地在那裡嗎？就臨床來看不是如此，因為當他覺得空洞時，是充滿了滿滿的不愉快或心酸，甚至是恨意，仔細再聽個案說故事，會發現這些感受都是有著客體做對象的，不論是怨天或尤人，都是有客體為對象。

換成另一種說法是，死寂般的空洞，但這種死寂卻如大海的浪波般，幾乎要淹沒他。這種比喻，大部分人可以了解要說的是什麼？尤其是當空洞、死寂、恨意等，幾乎是相連在一起結伴出現。

當你看著美麗的菜單，會讓肚子餓成為美麗的事件嗎？

（36）想像生命創傷經驗之後的場景

　　我是以如同造橋，比喻潛意識的聯結，以這個比喻來想像，比昂所提的linking在技術上的重要性。但是什麼是聯結，做什麼才是心理上所稱的聯結？尤其是我們的工作場域是潛意識領域，當我們把個案所說的不同事件，拿來一起談它們之間有某些關係，這就是聯結嗎？或者還另有其它做法和想像呢？

　　當我們面對個案因創傷，而記憶破碎殘缺，散置如同海中的孤島時，我們能做的是什麼呢？是否把這些孤島上曾有的記憶連起來，就可以解決目前的困局呢？但也許有些島嶼的記憶，僅是片斷，不成一個完整故事，就像一個句子裡有留幾個字，其它的走散失去了。

　　如果我們可以凌空而飛，我們會說著兩個島嶼之間，有什麼歷史的聯結被看見，但是如果只能坐船來往孤島之間時，情景是不同的，如同人類學家需要研究孤島之間的某些生活細節，再來推想兩個孤島之間，是否有什麼關聯？

　　我們需要的也許是，先要造座橋，讓孤島之間可以交

流，讓不同的故事之間可以互動，交流著不同的想法和經驗。那麼，在潛意識的片斷記憶裡，搭起橋樑，是指什麼呢？

我們說的語言可以有這種功能嗎？就像假設祖先是相同的分支，但是他們各自在不同孤島上生活多年了，對於祖先的行跡也只能傳說，但流落不同島嶼的相同家族，在多年後，也可能會有不同的說話字詞和口音。

當你看著美麗的菜單，會讓肚子餓成為美麗的事件嗎？

(37) 「no memory」和「no desire」，也有自己的心聲要表達？

比昂說no memory, no desire，這是什麼意思呢？為什麼要說這兩個no呢？是由於面對複雜的人性大海，需要某種指標，如同指針般做為引領，了解另一個人的方式？這預設著如果我們能夠達到這種「境界」，那麼我們對他人的了解和認識，就純粹是依著對方真實的樣子，而不是混雜加進了我們的記憶和欲望，使得我們對對方的了解，就不是如此純粹的依著對方的模樣。

但這只是一種方式嗎？是否這兩個no的達成，是很高的人生境界，不是嘴巴說了，心裡覺得是，就是了？而是需要很多的心理運作，和外在現實的工作，才能達成的境界？人是否能達到這種境界是一件事，不過倒是一個理想的期待。

也就是這裡的no，不是以宣稱自己沒有，或不要，就可以達成的狀態，畢竟這種no裡，在心理上是蘊涵了很豐富的心理過程，只看我們能夠以語言說出多少？

這需要回到，精神分析的目的是什麼？它有什麼目的

要被達成，需要什麼技術來達成，在執行技術時需要有什麼樣的態度做為背景嗎？喜歡看電影或戲劇的人，會充分知道背景會讓主戲的氣氛和意義完全改觀。

no memory, no desire，兩者都有自體性和自主性，一般我們是以「記憶」和「欲望」會如何影響著人生，但是「no memory」，「no desire」是如何影響著我們呢？相對於一般以對於某人的「記憶」或對某人有「欲望」，做為了解對方的重要起點，但是以「no memory」，「no desire」做為了解對方時的背景，會是何種狀況呢，要如何建置這種背景呢？

可以採用什麼方式來搭建這種背景呢？是空白的背景嗎？空白就是no嗎？而且我指出的不是no而已，而是「no memory」，「no desire」，它們跟「memory」，「desire」一樣，也有自己的心聲要表達，因此對我們來說，傾聽「no memory」或「no desire」要說什麼也是重要的事。雖然這種說法可能被覺得太抽象，不易理解，既然是「no memory」或「no desire」，它們是不存在那怎麼會有心聲要說呢？

這涉及的是，我們的語意表達系統的困局，因為一般人大概都會知道，失去了重要的人，心中會很難過，會自

當你看著美麗的菜單，會讓肚子餓成為美麗的事件嗎？

責，會抑鬱，但是如果要說這種後續的感受，就是來自於no的反應，是no有自己的話要說，可能會被認為說得太玄了。是如此的，乍聽有些玄，但是只要我們相信，有意在言外，或若有所指，就意味著大家多多少少是相信，有不少話和故事是語言說不清楚，說不到位，或者難以出口。no不只是空洞，而是充滿生活事件的波浪場，是波濤洶湧的臨床現象，因此可能就混合著，說不清楚，說不到位，和難以說出口的綜合特質。

例如死亡如大海的比喻，也是符合臨床事實，比昂說的no breast，在嬰孩的心理感受上，可能是如同死亡大海的比喻。這是我們試圖想像或體會，嬰孩的心境所推衍出來的比喻，對嬰孩來說是有壞的破壞的意思，如同克萊因的死亡本能，人生如波浪是衝擊，也如焦慮不安的波浪，一陣一陣的來。

(38) 古老的意義需要在當代的新意裡相互扶持

畢竟精神分析要推想的童年，無法以日常語言記得的故事，以及當年的語言不是長大後使用的語言，也許會以神話、寓言或夢的事跡被記得，或者像是遠古祖先的行跡，但是這種記得是需要透過橋樑的互動來往後，這些孤島之間的交流，才有可能有新的意義被產生，也才有機會透過這種過程，發現曾有的某些關聯？然後有更多的發現，雖然通常我們會傾向，以如同小說裡的全知者的角色，來說著記憶裡所有人之間的故事。

就像孤島之間有了橋樑後的交流，會有新意義的產生，也可能驚訝地發現曾有的關聯，這是相互交織的過程，也是貼近臨床實作的經驗，在新經驗、新意義的發展過程裡，驚訝地發現和早年經驗有關聯的一些歷史故事。如果要說心理治療的經驗，是比較像這樣的過程，雖然一般常是較忽略新意義的產生，而更意圖要在舊故事裡建立聯結，以為有了歷史的聯結就可以讓人有更多的了解。

但是就像博物館裡物件的策展，如果缺乏當代意義，

當你看著美麗的菜單，會讓肚子餓成為美麗的事件嗎？

做為背後的理念和基礎，只是把古老物件搬出來展覽，是很難有共鳴，就只會產生，喔，原來是這樣，然後就過去了。這些古老的意義，是需要在新意的當代意義裡，相互扶持，相互共鳴，才可能會有新的創意再往前活下去。沒有新的創意對待過去，那麼古老的故事，會比死去還要受苦地活著。

（39）以考古遺跡現場的處理精神，來對待個案的阻抗

　　值得對比來想的是，劇場裡音效、燈光、場面調度、時間、布景等，專業人員的分工隨著時間的過去，而逐漸被磨練出有它們的專業性了，而且也愈精細的分工了。相對來想像內在心理的防衛者，是否也隨生命的發展，它們也都有了分工且更專業性了，不再只是如當年粗糙的操作者了？

　　也就是，隨著時間的磨鍊，讓阻抗和防衛的技能操作者，在心理世界裡是愈來愈專業化了。

　　我們需要先知道，如何欣賞這種專業性，所帶來的專業和美感。雖然我們在臨床上想到的防衛，常是忽略了防衛的技藝，也隨著時間更精進更專業了。

　　甚至在我們多年後才發現，這些被隱沒如殘跡般的考古現場，我們只能不斷地提醒自己，每項東西和空間，都有它們的古老意義。因此我們需要的，不是以那些不是主要的課題，就只是想要趕緊離開個案所說的故事，只覺得那些故事和他的問題沒什麼關聯。我們是傾向決定主張，

當你看著美麗的菜單，會讓肚子餓成為美麗的事件嗎？

心理遺跡的考古現場，都有著它值得探索的意義。

　　但是勢必要小心謹慎挖掘現場後，才有機會從殘跡裡拼湊出一些想像和推論。這是我對於自我（ego）所運作的防衛機制的主張，把它們當作考古現場的重要遺跡，不是只以推土機把它們推掉就好。畢竟失去過去的結果，就是失語的流浪人生，而且這些過去殘留下來的防衛，不是只被當作是阻抗，一心一意想把它祛除掉，我們主張以考古遺跡現場的處理精神，來對待個案的阻抗，雖然並非完全不能動到古老的殘跡，但是這涉及內心裡其它角色的意見。

# (40) 一場戲能夠說出多少心中事

斐羅結合了舞台理論（field theory）和比昂的論點，例如「醒著時的夢思」（waking dream thought）做為描繪精神分析實作過程的方式。

以這種模式來認識和想像，精神分析實作過程，這反應著一個重要的事實，在精神分析取向診療室裡，發生了什麼事是仍需要被不斷描繪，就移情來說，談到的人物都是反映著，個案心中的我們的某些特質，只是以他生命故事裡的某些人事物來做為代表。這是看診療室裡發生的事的一個角度，意味著個案所說的人事物，都在反應著移情，也就是都在反映著，個案如何多重地想像治療師。

斐羅運作舞台理論的方式，例如個案說著某人物的故事時，我們如何想像，這是個案讓這位人物出場的方式，這位人物的出現是被責怪，或是以被理想化的人物站上舞台？不過如果只依照個案所說的方式出場，這是不夠的，需要治療師的想像，來一起工作，當某人物被說出場後，我們如何在個案所說的內容裡，再加上我們的想像？

這位人物會如何在舞台上走路，如何坐下，如何和個

當你看著美麗的菜單，會讓肚子餓成為美麗的事件嗎？

案打招呼呢？生氣的時候，就算依個案所說的方式，但這位人物會是什麼表情，什麼姿態呢？或是如何被出場呢，是刻意的遺忘，說出來不久就把那人放在舞台的一角，不再理會那人？或是美麗的出場，讓那位角色完成某件事後就告別了舞台？

也許會疑問，治療師想像這些做什麼？那些不過是治療師的想法，不必然是外在現實的實情。這種疑問是有道理，但也不全然一定是對的，畢竟我們無法確定，外在現實裡那些人物的行為和情感反應，是否真的都如個案所描述的？因為個案描述那些人物時，也是依著自己的想像，尤其是如果把事情延伸到生命早年時的事件，這是不可能全如個案所說出來的記憶，而會有很多個案事後的想像，所混合而成的生命早年的故事。

舞台理論的假設是，個案和治療者間的交流是必然的，而且是相互影響的，個案後來說早年故事時，讓人物上場的方式，也可能有著被治療師影響後的方式，不再全然是一般想像的，只是個案自己的記憶內容。但這不是說，治療師要刻意去影響個案，改變對於自己故事的說法。

通常會把個案所呈現的防衛、阻抗，或其它的「不是

主要的課題」，當作是要袪除，以便讓重要的主題能夠浮現，這是需要治療師的參與想像，才會讓人事物活化鮮明起來。並不是說這些想像就是「歷史事實」，而是嘗試讓個案內心裡的「心理真實」得以浮現的方式。治療師所想像的方式，當然也反映著反移情。因此也可以說，個案在診療室裡說的故事內容，是綜合著移情和反移情做基礎的故事。

至於在這些想像裡，治療師要說些什麼呢？可能就不再是古典的方式，把人物橫的移置為可能是移情的說法，例如個案說著壞媽媽時，我們引用成他在說壞治療師，這是簡化移置式的移情的詮釋方式。

如果我把劇場理論再往前推論的話，我會想像在技藝上，個案勢必忽略了其它的某些情節，而且重要的是，我們要心中確認，那些讓個案呈現出來或被忽略的內容，都有它們的主體性，就像是被拋棄的小孩，也有他們要說的故事。每個角色，或者以缺席方式存在的角色或故事，都會有自己的話要說。

值得對比來想的是，劇場裡音效、燈光、場面調度、時間、布景等，專業人員的分工，隨著時間的過去，而逐漸被磨練出它們的專業性了，而且愈精細的分工了，相

/ 當你看著美麗的菜單，會讓肚子餓成為美麗的事件嗎？

對來想像，內在心理的防衛者，是否也隨著生命的發展，有了分工且更專業性了，不再只是如當年粗糙的操作了，而是隨著時間的磨鍊，讓阻抗和防衛愈來愈專業化了？我們需要先知道，如何欣賞這種專業性，所帶來的專業和美感，雖然我們在臨床上想到的防衛，常是忽略了防衛的技藝，也隨著時間而更精進，更專業了。

以欣賞戲劇的心情，來體會和想像個案所說的人物故事，一如他是如何讓某些人走上劇場的方式，個案和治療師是相互影響著劇本的形成，如果大膽的說法是，個案在診療室裡所呈現出來的故事，以術語來說，是移情和反移情相互交纏所形塑出來的。雖然個案述說時，會說是他自己當年的故事。另一種比喻就像，如溫尼科特的squiggle的遊戲方式，治療師和個案輪流一筆一筆地，建構出某種難以預期的圖案，再來想像那圖案的可能意義，是個類似的過程。

(41) 黑暗是無法被取代的，它只能以更黑暗的方式存在著

也許，人都有這個心理領域。

當我們以光明黑暗來比喻時，自然就有著以光明來取代黑暗，也就是以詮釋和洞識做為光明的代表，雖然我們常忽略了，黑暗是無法被取代的，它只能以更黑暗的方式存在著。那麼黑暗的本質是什麼呢？或者光明和黑暗的比喻，是否誤解了人的文明思考走向，而且幾千年了？

嬰兒被抱著的經驗，是最古老的心和身互動的體會，溫尼科特描述的母親和嬰孩之間自發的體態變化，這是個重要的生命經驗，後來的人生大都在尋找故事和說法，來描繪當年殘留下的經驗。這是創傷者後來不斷地衍生出很多後來的受創故事，不斷地述說著，這些後來的故事是充當當年經驗的代言者，卻始終不是原本經驗本身的國王，如果那是處於黑暗經驗裡的國王。

那麼我們後來處理的不滿，是國王的不滿，或是國王的代理者揣測上意，卻始終無法取得國王真正心意，而衍生出來的不滿呢？或者國王一直在表達真的心意，那就是

　當你看著美麗的菜單，會讓肚子餓成為美麗的事件嗎？

不滿呢？或者我們的前述想法裡，遭遇了更大的難題是，我們是否把國王當成了敵人，尤其是藏身在被認定是黑暗裡的國王，也是我們要以光明來根除的敵人時，我們對黑暗大吼大叫，洩露了我們心中的不安，結果是讓我們的不安，變成了最大的空洞和暗黑，吞噬了想要有的光明？

(42) 如果精神分析理論，有著我們是棄兒但努力走下去的想法？

　　我們的精神分析理論，也有著要傳達某些成功的記憶，雖然我們以理論為名，但可能有著希望能藉由理論來傳遞，有人曾經在我們的模式裡，如何成功，或如何失敗的故事。不論成功或失敗，我們的理論有著曾是棄兒的經驗，因為個案的阻抗想背棄我們，但要努力在治療過程裡活下去，我們努力地想像發生了什麼事？這是精神分析理論被建構起來的基礎。

　　也許有治療師會覺得，他們不會求個案一起走下去，不會要個案一起守著結構，我們是採取中立，由個案來決定自己的未來。

　　我不會排斥這種中立說法，但我不覺得這是我們日常工作的全貌。除非我們只挑那些很順應治療者的個案，至於那些早年經歷失落創傷的個案，我們的日常是不停地想著，要如何走下去呢，一如他們當年的心思。因此我們如何避免被那些經驗過度壓迫，在我們掙扎著要走下去時，不是採取溫尼科特批評的，以過早和過度的詮釋強行介入

　當你看著美麗的菜單，會讓肚子餓成為美麗的事件嗎？

（inpigment）對方的內心世界？

　　對著那些曾不被要的小孩，長大後，自傲能活過來的生存哲學和理論（如同佛洛伊德說過的，兒童自己有著自己的性理論），當他們坐在你面前卻質疑地想著，你有經歷過我的處境嗎？這句輕輕的疑問，就代表了一切呢，他是多麼自傲，當年的傷痕已經被他花了很多心思，變成的銅像，或如同紀念碑上的詩句，來慶賀自己活了下來，這是給自己的鼓舞。

　　至於同時存在，當年至今仍流浪的憤怒，隨時在尋找可以歇腳的地方，直到移情來到了診療室裡，讓它在診療室裡落地生根並且開花，或仍只是飄浮在半空中的怒意？這種同時具有銅像特質，但周遭有著難言的怒意的移情，是診療室裡的常客，如果我們堅持佛洛伊德的經驗，覺得我們在被個案的阻抗所拋棄，而草擬出來的精神分析理論，搬出它的直言會挫傷人的自戀，因而主張社會對於精神分析，會抱持排斥的態度？

　　這說對了一部分，另一部分是，如果我們以正直為名，將在診療室裡的經驗，治療師和個案關係下的分析，直接外移搬到社會上，並且在社會未同意下，它就成為我們的病人般貿然被我們分析，這可能是社會產生阻抗的緣

由之一，有著來自我們的作為所帶來的後果？而我們過於直接地對社會的分析，會有多少如溫尼科特所說的，強行介入的恨意和憤怒呢？這些是如何被知道，我們會想知道嗎？

當你看著美麗的菜單，會讓肚子餓成為美麗的事件嗎？

 **（43）過去和現在：展轉屈折的因果相關**

　　如果比喻上，治療師眼前的個案，是一位曾被生活困境催眠過並醒來的人，治療師只能從後來看見的，猜想個案何以會變成目前的情況，如同中間才入場看催眠表演秀，而被催眠者已醒來的人？

　　談論精神分析何以引用這個催眠的比喻呢？故事是這樣，當一個人走進診療室，對著治療師或分析師說，他的爸爸是不負責任的人，他小時候就只是看著爸媽常在吵架，他說父母無所不吵，他常聽爸爸很生氣的罵媽媽，質問媽媽為什麼老是不在家？要媽媽交待她剛剛去了那裡？他就是這樣子長大的，然後他開始數落責怪自己的太太，說太太也很不負責任，生下女兒後就變了樣，他說自己平時很隱忍。

　　但是有時候，他實在看不下去了，就會和太太爭吵，他強調自己不喜歡吵架，只是實在受不了太太的不負責任。我們可能會覺得，他好像複製了爸爸的舉動，但看來如此明顯的複製現象，卻是個案最難認同的說法，他甚至

自己說了他和爸爸的不同，爸爸有時是無理取鬧，但他覺得自己不會這樣，他會生氣都是忍了很久才會和太太爭吵。雖然太太常回罵，他雞蛋裡挑骨頭，他堅持太太不是雞蛋。

對於個案來說，他是後來看見聽見父母的爭吵，畢竟他們早在他出生前就這樣子了，他的出生讓他就這樣陷進原本的旋渦裡，雖然他不知以前是怎麼回事？他只是中途闖進父母的生活圈，好像是中途或遲到進場看表演的觀眾，看著父母的日常表演，父母的種種作為可能大都是，如同被各自的生活經驗所催眠後的行為。個案是晚進場的觀眾，自然是難以了解，到底發生了什麼事？

不過並非不了解，就會讓人停下想像的腳步，反而是想像更加活躍。但是他也被催眠了，被父母看待他的方式所催眠。例如，覺得他是多餘的人，是妨礙媽媽走出家庭的人，他的人生大致是在掙扎著，讓自己不是多餘的人。雖然結果常讓太太覺得，他只是愛找麻煩的人，不過由於是不是多餘的人，這和愛找麻煩的人，兩個意像之間有落差，因此無法想像它們的關聯是什麼？

理論上處在這種情況，他就像是被當年的情境所催眠的人，活在當年的氛圍裡，但意識上覺得自己要讓自己被

當你看著美麗的菜單，會讓肚子餓成為美麗的事件嗎？

人看見，不再是多餘的人，另外由於這些當年被深植的，覺得自己是怎樣的人，這種意念不是以口語的記憶方式被記得，而只呈現在他不自覺的行動裡，成為他記憶的方式，佛洛伊德甚至說，這才是真正的記憶。不過，隨著時間的演進，這些早年的干擾和受苦經驗的防衛，是否如同一起工作成長的劇場人員，在處理的技藝上是更精細，更專業化了，使得我們後來更難以覺察，目前的問題和當年經驗之間的關係？

　　至於治療師聽個案的故事，也如同中途參與當年那場催眠後的過程，不知先前發生了什麼事，只看見了他已經從催眠裡醒了過來，在人生舞台上走來走去了。例如如果他被催眠，醒來後會去拿一把傘，並把傘撐開來。有一天，是太陽天，他突然浮現要去檢查一下，放在牆角傘桶裡的傘。他想著可能不久就會開始下雨了吧，他還是先檢查一下這些傘。他走過去拿起傘，把它撐開來並仔細檢查是否會有問題？但是其他人覺得奇怪，明明是好天氣，為什麼這時候突然要檢查這把傘呢？

　　這種情況就像個案做的事情，他起初不自覺，但後來意識上找到某些原因而做出某行為，是後來已經專業化的防衛系統所形成的理由，其實真正的理由是更早年被生命

經驗所催眠的記憶，但是這些生命經驗是什麼，對個案和治療師來說，都已經錯過了，永遠錯過了，而且不可能再重複當初被催眠的過程。這是個案來診療室裡的實情。

當治療師想要了解，問題的真正源頭，變成一項很困難，甚至不可能的事。不過精神分析發展一百多年來都是如此，但它的效用是可見的，因此也許讓我們有機會，就這些實情來思索，要尋找目前問題和當年的原因之間，在做法上是否有什麼需要再細想的？畢竟對個案和治療師來說，當我們預設，有更早的生命經驗所帶來的，如同催眠效用的結果，這是個謎了，而且是個永遠的謎，我們只能透過有限的訊息，去想像和建構。

這個比喻也有個要注意的地方，好像當年的被催眠，是今日行動的直接因果關係，只是隨著時間，周遭的防衛技藝的純熟和專業化後，是否仍維持著這種線性的因果關係？仍值得再細思。或者仍有某種因果關係，但不再是線性直達式的因果，而是婉轉屈折的展轉因果相關呢？

當你看著美麗的菜單，會讓肚子餓成為美麗的事件嗎？

 **(44) 詮釋仍只是虛線般的了解，這是什麼樣的了解？**

　　回到診療室的現場，來想詮釋時，覺得要用力說明，就表示在那裡有阻抗和防衛。隨著防衛性質的硬度和滲透度的不同，我們的話語有時被完全彈回來，有些是語言如水般撞到防衛的阻抗，而散成小水滴，有些滲透進去，有些被擋在外頭。這是臨床上發現，個案何以常常只聽到詮釋的某一部分，這是臨床常見的情況。

　　或者技術上，我們所做的詮釋，是如同研究時的統計學，建構出一個相關性或因果性的圖示時，我們看見的實線圖，其實是虛線被實體化的結果，這是一些被挑選出來的事實，點狀般散居在圖表上所構成，我們從圖示上看出，一群一群獨立存在。

　　當這些數據群有個傾向，指向某個方向，這個被假設出來的方向就是虛線，但如統計學上的位置，最後計算出有一個傾向，因而畫出一條實線，然後把這些散居實線旁邊的點狀事實群落拿掉，就只留下被假設出來的某條線，被畫成為漂亮的一條實線。

如同我們有時覺得，某個漂亮的詮釋，像這條統計圖表上的實線，那是忽略原本只是虛線，畢竟真正的實線是在某個範圍內，在不同的事實群落之間繞來繞去。這種情況也類似，我們從個案所說的一些話裡，有個簡單的總結，就像是統計圖表上，眾多點所形成的趨勢，而形成一條虛線，為了容易觀察，再把這條虛線實線化，並將原本虛線旁的點拿掉的結果。

　　或者那條實線，只是穿過村落的馬路，只走在馬路，是無法了解村落的實情。需要一家一家穿梭，才有機會更多的了解，因此當我們想著詮釋時，其實還有更多值得想的，例如，我們在形成詮釋後，這個被假定的如實線般的了解，可能忽略了本質上，那些詮釋就算是來自他人豐富的經驗，累積而形成的理論，當被運用在某位特定個案的某個時候，這些詮釋仍只是虛線般的了解。我們可以自問的是，這是了解嗎，什麼樣的了解？

　當你看著美麗的菜單，會讓肚子餓成為美麗的事件嗎？

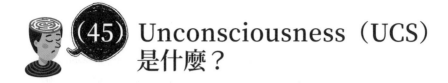

(45) Unconsciousness（UCS）是什麼？

　　Unconsciousness（UCS）是什麼？佛洛伊德曾說，它可以是名詞也可以是形容詞。它是潛意識，或是無意識？或另有其它中譯可以更傳神貼近它是什麼？不論如何中譯，它隱含著想像它可能是什麼？

　　的確有不少不同的想像。有的是把UCS當作是幻想，有的以暗處來想像，也有以「未知」來想像，如何中譯會影響未來，當我們直接從中文來理解或想像它是什麼？如果強調「潛」時，有語詞的聯想是潛在，一如潛水艇的潛，或者有冰山一角般的潛在等，這涉及topography是地層學或地形學？如果從這來了解，似乎是接近「潛」的意思？

　　另也有「無意識」，如果從「無」想起，就另有一些立論，例如無中生有的無，無風不起浪的無，而「無」又和我們在地語詞裡的「有」是相對的，而「有」在佛禪宗裡，又和「空」相對。佛禪宗史裡，有宗和空宗對「有」或「空」的爭議相當多年，後來提出「有不礙空、空不礙

有」，也就是「空有不相礙」來取得出路。

　　當然不只這些，這裡只是指出來不同的語詞出現時，對於UCS的領域是什麼，就會有不同的想像。這些不同想像會影響要探究領域的界定，以及相關的技術的想像，例如如果強調其中的「矛盾」，自我、原我和超我之間的矛盾，那麼矛盾的解決就是重點。如果強調其中的「空洞」或「匱乏」時，相對的，支持和同理就重要些，不然指出來並詮釋空洞，仍然是讓空洞還是空洞。

　　由於佛洛伊德在開始發展精神分析時，就設定要讓UCS裡的材料，變成意識化而被知道，在這樣的設定下，潛意識似乎就意味著，是不被知道，或難以被知道，或不想被知道的領域。如前所說，不同語詞就會有後續語詞的不同聯想，就會影響定義後的未來發展方向。

　　我試著提出自己的觀點。我們在新寫的《內心荒涼地帶起風了》團體心理治療的書（2021.09月，無境文化出版），嘗試提出「起風了三態度」，做為面對或想像UCS的三種態度：un-known、un-certainty、un-consoled。同樣的，這三個詞如何被翻譯，就如同UCS如何被翻譯，會影響要探究的領域。un-known未知，un-certainty不確定，不過我們從臨床經驗裡，那些因失落

而空洞感的個案來說，在臨床實做的過程裡，我們的確是想要了解，也很想要確定是什麼故事，導致個案後來的問題？

不過這些都是線性因果關係的角度來看問題，都是過於簡化個案目前問題的起源，忽略了是有很多層次的前提，加上導因的總和，因此我想譯為：無可了解、無可確定、無可撫慰。何以用「無可」？是假設我們總會想要做些和說些什麼，但最後卻是「無可」，是有盡力想要了解確定和撫慰，但就人性的結局來說，卻是無可了解、無可確定、最終也無可撫慰。

不過，請注意這個前提是，在盡力想要了解，想要確定，想要撫慰的過程裡，所呈現的內在態度，我無意讓這種態度被誤解地，推向虛無主義般的「無可」，我是想以這三種態度，做為探究UCS過程的結局，也可以說是人的結局。

 **（46）只是空傳說著，有個「伊底帕斯情結」在某個地方？**

再深入以兩位精神分析者的案例，做為思索精神分析描繪的死亡經驗，可能如何影響著我們，對於精神分析的生與死的想像。

A. Green的案例「Dead Mother」，以及Joyce McDougall的「Dead Father」，對精神分析有興趣者來說，是兩個值得被熟悉當作是標竿案例，可以做為大家討論個案時，拿來做對比說明，讓大家在談論時有定位的案例。

Joyce的《死亡父親：生命早年的心智創傷，和它對性認同與創意活動的障礙的關係》（The Dead Father: On Early Psychic Trauma and its Relation to Disturbance in Sexual Identity and in Creative Activity, 1989），文中所舉的個案是「死亡父親」，我覺得這案例要再加上Green的「死亡母親」，是兩者死亡相疊成的個案。意思是說「死亡父親」這案例的心智經驗，是比「死亡母親」裡的個案顯得心理更破碎，更如同比昂（Bion）描繪的心

當你看著美麗的菜單，會讓肚子餓成為美麗的事件嗎？

理破碎（fragmented）的個案。

　　他們在如此破碎人生的情況下，是否能夠走到比昂所說的，「伊底帕斯情境」（Oedipus Situation），在那裡是「伊底帕斯情結」能夠發生的情境？我是存疑的態度。對比昂來說，在過於創傷破碎的心理下，可能無法建構出「伊底帕斯情境」，因此個案是缺乏這種情境，可以讓他走到那裡，發生以完整客體爲基礎的「伊底帕斯情結」。不過作者的描繪仍是有意義的，這在於我們對這些個案的「破碎性」和「完整性」的程度或比例，需要再進一步描繪個案的臨床狀況，只是Joyce McDougall這篇文章並未從這角度來述說就是了。

　　因爲「伊底帕斯情結」裡的三人關係，被假設是「完整客體」（whole object）的狀態。這位「死亡父親」的個案，內在裡可能更是破碎的客體經驗，而Joyce McDougall這篇文章是傾向，以「精神官能症」完整客體的層次來描繪性別認同，忽略了更原始的分裂機制爲主，可能造成「精神病」般的處境所帶來的影響。

　　因此當Joyce McDougall的文章裡，那個案例以對父母做爲完整客體的認同，來談論性別認同時，我是存疑的。因此「伊底帕斯情結」出現在社會上，很日常卻可能

是如同死亡的話語，不再是具有活生生想像經驗的語詞，讓我們可以有著更豐富的想像，它變得更像是已經滿載了，無法再新增任何想像。以前述兩案例來看，是否因爲這些失落創傷所帶來的心理破碎，對大部分人來說，是比想像中還要根深蒂固的碎片，因此整個社會是不易穿過這些困境，走到某個「伊底帕斯情境」，而只是空傳說著，有個「伊底帕斯情結」在某個地方？

當你看著美麗的菜單，會讓肚子餓成爲美麗的事件嗎？

 **(47)** 整合是什麼意思呢？

　　臨床討論時，常聽到要整合一些不同意見，或不同意見的人，甚至是相衝突的人們，但這是精神分析需要工作的內容？是否只管分析就好了，不必替個案著想，內在心理衝突整合的問題？也許如此，但也許對不少個案，這想法就讓治療難以走下去。例如個案說著有著不同的自己，在內心裡相互衝突，讓他很難做出決定。佛洛伊德是提過，自我（ego）的重要任務是，服侍原我、超我和外在現實，這三位主人都有著自己的欲望，而且三位主人都要求自己的欲望要被滿足。

　　偏偏三位主人之間是相互衝突矛盾的，這是自我的挑戰，不必然可以做得完美，因此就會有症狀出現，來呈現因無法完美而必須有的妥協。因此症狀就是在對我們說，還有內在衝突未擺平，也有可能並不是衝突，而是內心的匱乏空洞，這就是另一件事了。如果只先針對矛盾的處理，通常我們會聽到整合的處置，但什麼是整合呢？是大吃小，變成大一統嗎？或者大的反而被小給併吞了，或好的把壞的踢出去了？

這些想法都會遭遇一個難題，內心世界裡那些會構成矛盾現象者，大都是兩股或多股力量的勢均力敵，那麼什麼是整合呢？內部談一談，有妥協，然後就可以整合？但常見的是，兩極化的衝突存在，兩方甚至很難對談而有所妥協，以台灣的政治版圖爲例，急統急獨是兩方無法溝通的勢力。

　　如果談整合是如統計學般，將兩端點不列入統計，這有可能發生在人和人的衝突的處理方式嗎？是不太可能如此，反而是少數需要被聆聽，因此我對於整合的想法是指，所有異同如同光譜般的共同存在，也許兩端之間很難對話溝通，不過由於有著愈廣大的中間地帶時，就能讓兩極端之間的衝突緩和，或者中間地帶可能發展出某些創意，來吸納兩極端的衝突所帶來的可能傷害。

　　因此我主張，如果有整合的話，不是一種靜態的成果，而是一種動態的過程，理論上如果中間地間帶愈寬廣，愈有創意，那麼兩極端的衝突就算可能會長期存在，但是不致於帶來毀滅性的結果。或以光譜來比喻最後的成果，那就是光譜是由七彩虹光所組成，如前述的兩極端和中間色的組成，缺少某色光，就會有不同光束的色彩，就一般的看法是，白光如同是最後整合的結果，但白光是可

　　當你看著美麗的菜單，會讓肚子餓成爲美麗的事件嗎？

以分析出至少七彩虹光，如同內心世界裡複雜心理衝突的
存在，有著多層次的因素如光束般。

(48) 「想」這個字有多少斤兩呢？

「想」這個字是個動詞，它和精神分析要探索的領域有什麼關係嗎？在精神分析裡，「想」這個字的意象，能夠比喻什麼？例如，和精神分析如何看見自己呢？

一般人對於精神分析取向，是帶著嘲笑地說，「你們想太多了！」。對於這些評論，在佛洛伊德就提到，由於精神分析觸及了人性裡，自戀和阻抗，使得精神分析要被大眾接受是不容易。這種說法至今大致仍是，精神分析論述裡的主要態度，並不是這種說法是對或錯，而是存在於人類社群裡的精神分析，如何面對和應對這種現象？也許是精神分析發展的重要一環。

加上其它取向者，例如起初也是由精神分析師提出來的，憂鬱是負面想法而引發，風潮至今的正向想法的認知治療的風行，使得精神分析界對於要想像，在節制和未知的觀點外，精神分析對關於快樂、幸福、良善和慷慨等被歸類在正向情感，都更顯得審慎，以免一下子就走過頭，走到呼應另一端只強調正向想法？很怕精神分析會對這些想得不夠多，而讓臨床工作變得更加困難。

當你看著美麗的菜單，會讓肚子餓成為美麗的事件嗎？

正向想法的概念仍風行，但隨之而起的正念，再度讓精神分析者可能不易好好看，精神分析在理論和實作裡的快樂、幸福、良善和慷慨等。雖然mindfulness更接近的是，靜思冥思，不必然有正向的意味，但是以正念為名也很快風行，也許風潮即將會再消褪，畢竟人性的實情是複雜的，但我也相信會有另一種說法再度風行。那麼精神分析者如何更全面的看見自己呢？

將「想」這個象形字折解一下。先就表面的字象來做推論，「目」有觀看之意，看著「木」意味著觀察自然而獲得知識，這有「格物致知」的意味。但是加上「心」才不會只是「表相」的知識，「有心」的觀察是「想」，這個「想」不是一般人以為的，只是用腦袋的思考而已，如果缺乏「用心」的思考，構不成「想」，也構不成精神分析取向的三思，而難以在面對個案的困局裡找到出路。

對於精神分析理論和實務來說，這個「想」字和精神分析可以有什麼關係呢？和比昂的思考理論（thinking theory）是可以搭配的嗎？

比昂的思考理論有著在臨床實作過程裡，被困難個案逼到難以思考的地方，而硬要做決定時，仍可以有想像的可能性。這種仍可以想像的能力是很重要的，才不會讓

治療師處於被逼迫著，要做某些思考不周的動作或建議。這種難以思考或思考不周的處境，在臨床上是常見的，例如個案可能在會談時段快結束或結束時，突然提出一些想法，並要治療師盡快給與意見或決定，而讓治療師陷在困局裡。這種處境的難以回應或要深思，也常是一般人覺得精神分析取向者不近人情的情境。

不過，精神分析取向者也可能過於處在規則裡，而忽略了眼前的處境，是否需要有彈性呢？不然就會變得缺乏人性的反應，但是如果只強調彈性，也可能反而陷在失去界限的處境，讓治療難以持續，甚至帶來重大的破壞？

當你看著美麗的菜單，會讓肚子餓成為美麗的事件嗎？

（49）分析如同雕刻師，在硬石頭上或軟粘土上雕刻

佛洛伊德在《有止盡與無止盡的分析》裡，討論某些抗拒的現象時，指出其中有兩群個案的現象值得再探索，一是有些個案的原欲（desire）投資在某個客體時，就很困難撤離而改灌注到其它客體，他覺得還無法完全了解。或者有另一種情況是，個案很容易被暗示，而迅速移動原欲至其它客體對象，這種情況在臨床上是容易有收穫，但是也可能很快就會再度失去，如同在水面上書寫文字。

他在說明時，也舉例了精神分析所做的分析，可能是什麼的現象，畢竟精神分析宣稱是在潛意識領域裡工作時，在言語互動交流裡，不會只是言語的內容。但是如何形容這些過程，讓他人可以體會或意會，的確是需要各種比喻，來翻譯診療室裡發生的，那些可見或不可見的過程。甚至需要與時俱進的各式比喻，讓精神分析和時代的脈絡，可以保持著互動與對話。

佛洛伊德在文章裡說明，還舉例說分析如同雕刻師，在硬石頭上或軟粘土上雕刻，來說明分析工作的某些可能

結果。

　　他要傳遞出精神分析取向者，描繪在診療室裡的做為和說話，如何和一般的說話有什麼差別？給個案加意見時，和在路口跟朋友交談時提供的意見，有什麼不同嗎？或者對於不給意見或不需要給意見時，這種沉默和日常生活裡的沉默有什麼差別嗎？這是不會停止的主題，在未來仍會是精神分析取向者，不斷論述想像的主題。除了完全提供一種新的情境說明，不然就常是在日常生活裡擷取某些情境，但添加或減少該景象的某些意義，用來說明精神分析在診療室實作過程的描繪。

　　佛洛伊德使用雕刻在硬石頭或軟粘土的意象，說明當分析師做出分析時，對於個案所帶來的形塑的結果，雕刻在硬石頭上，意味那分析詮釋具有永遠的效應？而雕在軟土上則是容易再變型，這種比喻有至少兩種意象，一是對於功效的科學期待，二是對於精神分析工作的美學想像。

　　就臨床實情來說，分析詮釋的效用，不必然只是在硬石頭上或軟土雕刻這兩種意象，可能有更多的狀況，如同在不同材質上雕刻，留下不同程度的功效？不過更值得想像的是，對精神分析這專業來說，相關的專業職人如何想像，自己所做的是否有把如同藝術家，做著雕刻這件美學

當你看著美麗的菜單，會讓肚子餓成為美麗的事件嗎？

工作的想法，放在自己的工作態度裡？這會涉及美學在精神分析裡的位置，以及有多少的重要性？如何運用在實務工作，或後續的討論裡？雖然佛洛伊德在論文裡的比喻，是更針對於科學性的功效，是否得以維持長久的角度。

另外，沉默是什麼呢？沉默是雕刻嗎？也許沉默如風，會慢慢地雕刻著風中的石頭，或者沉默還有其它更貼近的比喻？畢竟沉默在治療過程裡，是聆聽，是一起，而且占有更多的時間，很難說沉默沒有效用。

至於水中寫字，也可以在意象上想像成某種很高的境界，就像出了招式卻水過無痕的境界。佛洛伊德在這裡的比喻，不是如此想，不過倒值得我們另外衍生想像，這是類似no memory, no desire的境界。對於自己所做所說的，是如同佛洛伊德在其它文章提及的，治療師要節制自己的欲望，但是如果欲望必然會如同在水上寫字，就會是很美，也很真實的意象，來描繪治療師對屬於自己的欲望，有多少察覺和期待的境界。因為從這角度來說，不是容易達到的境界。

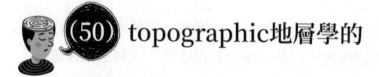

(50) topographic地層學的

　　什麼是深度心理學？當我們以深度來做為形容詞，意味著這種心理學是以深淺來做為衡量的標準，但是地形的深淺，如何移置來想像我們所不知的潛意識呢？深度心理學是指加上潛意識的意思嗎？或者談論生命早期的心理學，就叫做深度心理學嗎？佛洛伊德是把精神分析的論述，當作是後設心理學（meta-psychology），意味著那是想像和建構的心理學。

　　這種承認和確認，是很重要的定位，畢竟如果想要探索，那些不是五官可以直接觸及的領域，而且要宣稱是心理學的範疇，是需要架構出一個範圍。雖然這麼做仍是很抽象，很難以描繪它的模樣，因此仍需要借助其它語彙來說明。

　　佛洛伊德提到三個向度的總合，才是精神分析，這三個向度是topographic、dynamic、ecnomic。一般說法常會以dynamic（精神動力或心理動力），來宣稱和精神分析的關聯，不過如果要談精神分析，是需要將這三個向度都一起考慮。

當你看著美麗的菜單，會讓肚子餓成為美麗的事件嗎？

本文只針對topography（拓蹼學、地層學或地形學）來說，是以深度來說的深度心理學，可以往下深度想像，以高山的模式來想像，意味著心理學從意識、前意識和潛意識的三個層次的深淺。這在目前已是日常生活的常識，一般口語裡也常聽到「潛意識」這三個字，來表達自己不知道的心理事件，但是如何說明這不知道卻又相信它存在的領域，我們對它的想像是什麼模樣呢？

　　我試著不再以地層學的往下看橫剖面的比喻，而是以看得見的地形景觀學的角度，來想像和談論從會談過程來說，對於個案所說的故事，要指引我們看見的內容，是如同一大片平原如嘉南平原，或者如同山巒起伏的台灣中央山脈呢？如果以臨床的過程來比喻，我是覺得比較像是，走在群山裡高低起伏的變化，一如心情和感受上的起伏，以及想法上的跳動，是處於某座山的山腰或者山頂陵線上。

　　但是再走又走進了，只能看得見谷地的地方，可能聽得到溪水或者只有風聲，但是不可能看得見出發的所在了，它是在被重重的山巒所隔絕的遠方。雖然我們常是期待個案，述說當年的故事時，在反應上像是處在那種情境裡，而不是像說著別人的故事般，但是如果真的發生了如

我們這種期待，那是什麼意思呢？那一種才是錯覺呢？

　　畢竟一眼可見某種景觀，假設這常是大家的期待，好像只要一回頭，就可以看見當初走出來的地方，期待我們走了大半輩子的人生後，可以回頭就看見遙遠他方，有個地名叫做伊底帕斯情結的地方可以抵達。那裡有個和父母的愛恨交織的結，就在屋子，也掛在屋外的那棵芒果樹上，或者比伊底帕斯情結更古早原始的原初場景的地方，那裡理應是在屋內的床上，那間房子可能被榕樹的氣根占滿了，屋頂一半傾頹了，而當年的那張床早就不見了。就這樣子，這些場景和大床還是需要再想像，把它創造出來，讓它在腦海裡占個位置。

　　這些不同想像的比喻，會被想像出不同的分析策略，這是任何比喻都很難駕馭的，當比喻被說出來，被聽到後，會有什麼樣的結局呢？不過以這個高山重重的比喻來說，就和挖往地底的地層學，對於精神分析取向的過程，可能會有不同的後續想像和描繪了。

　當你看著美麗的菜單，會讓肚子餓成為美麗的事件嗎？

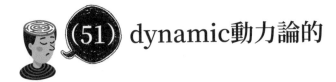

(51) dynamic動力論的

　　至今譯詞是「動力的」，有人常以為「精神動力取向」，就是「精神分析取向」，其實如果嚴謹來看的話，是不必然相等同。精神動力的強調，只是精神分析諸多要素裡的一個角色，那麼這個重要角色在我們的心理學裡，是如何上場或走下舞台的呢？

　　以「動力」的語詞，可能不是那麼容易了解，我以「相互消長」來翻譯它，覺得這比較貼近我對這個舶來品的想法。例如，一句罵人的話飄浮在半空中，那是不曾被真正罵出來，卻從喉嚨裡逃走的話，他甚至忘了自己曾有這句想要罵人的話。另外他路過路口時，總會不由自主的看著女人，走在斑馬線時的腳踝，在其它地方他不會這麼看，總是要在斑馬線上才會這樣，以前他不會在意這種現象。

　　只是走過路口就忘記了，但是近來他卻在過馬路後，會有個念頭想要再回頭看一下，但是他卻不知道回頭是要看什麼？只是這個念頭讓他覺得困擾，讓他很想罵人，幹，你怎麼這麼三八，這個你不確定是指誰，後來沒多久

他過馬路時，就很少再看走在斑馬線上的女人腳踝了，而是不斷的罵聲在腦海裡。

在這個過程裡，看女人腳踝的事淡淡地消失了，而想要罵人的話卻鮮明了起來。不過對於我們最想要了解的，到底為什麼會這樣的理由，仍還沒足夠的證據來說明。但是某項因素莫名的淡出，而另一項因素莫名的顯明起來，也許這些因素消長的理由被發現前，還會有其它變化出現也說不定。這是心智活動過程裡常見的現象，有些會被感受成是症狀，有些則是在不知不覺中出現，然後又無聲無息的消失了。

精神分析專業人員基於對心智知識的好奇，加上臨床上多多少少有著期待帶來某些療癒的效用，因此對於這些不同因子之間的關係，總會是希望可以很快找到，它們之間前因後果的關係。但是畢竟很多因子之間的關係，有時我們只能發現它們之間消長變化的關係，甚至這些消長變化是在不知不覺間發生，這些就是dynamic的意義。

這些會產生連動相互消長的因子，不必然是意識上可以知道的因素，以精神分析來說，甚至是更強調不被察覺，而且不是清楚就可以知道，它們會有相關聯以及相互消長的因子，是在重複的觀察後，才會發現它們之間的相

當你看著美麗的菜單，會讓肚子餓成為美麗的事件嗎？

互消長關係。相互消長的關係並不是哪個是因，哪個是果，只是它們的一消，另一就會長，不是前因後果的關係。

　　因此不必然解決了某個因子，另一個因子就會有戲劇性的變化，因為可能會是變動的，有時有消長關係，但其它時候則不必然如此。

　　你會想像當一顆水，在下滑的過程，遇到高起來的地方會出力想往上爬，或者是順勢隨著旁的小道下滑呢？如果有這樣的滴水會往上爬是值得好好研究它，首先要先了解，經過精神分析取向者百年來的努力，我們更加確定，有某種意識之外的存在，潛意識，佛洛伊德主張這個領域裡的運作原則是經濟原則。他更進一步說是享樂原則，這裡所說的經濟，並非現行的涉及金錢生產的經濟，而是有著一般說法裡，採取什麼方式是最經濟方便的意思。

　　在意識層次是以現實原則做為依據，所謂現實原則就是依著現實做判斷，做計算來決定做不做或說不說什麼。現實上判斷如果覺得這麼做是不佳的，就不會去做，只是臨床上常見的是，個案會說我明明知道不該這麼做，但還是做了，你說該怎麼辦？通常這不會只有出現一次，不然個案的抱怨不是這樣子，何以明明做了某事，在現實上會帶來利益的受損，卻仍是不斷地重複？

　　這種重複意味著，可能在意識的現實原則之外，另有其它原則在左右著人的行動和感受。佛洛伊德嘗試指出那

當你看著美麗的菜單，會讓肚子餓成為美麗的事件嗎？

是享樂原則，只是這詞容易讓人誤解，做某些事後會後悔或受苦，怎麼會是享樂原則呢？畢竟當事者不覺得是有快樂，這的確常使學習者誤解，以為享樂原則是當事者這麼做後會帶來快樂。

這需要回到起初，佛洛伊德引用的經濟原則，如果以物理學的現象來說明，會比較容易被了解，例如何以水往低處流？那是最不耗費能量的活動方式，不然我們能夠想像一滴水會自動地往上爬嗎，畢竟碰到有阻礙時，會採取最省力最經濟的方式，來完成它往下流動的過程。佛洛伊德引用這種原則來說明，潛意識層次裡的運作原則，直接的說法是，它的選擇原則是採用最經濟省力的，避開最苦痛的方式，而不是依據現實原則來判定什麼才是最佳利益的選擇。

簡化的說法是，決定的原則是依著何種選擇，能夠讓自己避開最苦痛的創傷，而選擇了相較不受苦的周邊事件或者偶發事件，做為記憶和注意力的焦點。這樣子巧妙地讓自己避開最受苦的事件，至於何以會選擇某些事件做為記憶，則仍是一個有趣的課題。可能是主要事件的周邊事件，或者可能是當時偶發的事或感覺，甚至也可能受後來經驗的影響，而不斷地改變著注意的焦點，使得他的受苦

事件可能隨著時間有不同的焦點。

　　這些都是不自覺的演變過程，而它所依據的就是潛意識的享樂原則的運作，使得從意識層次的現實原則來看的話，會覺得不可思議或難以理解，個案怎麼會做那些選擇？這是因為不可思議或難以理解，都是從現實原則做為理解的方式才會這麼覺得。

　當你看著美麗的菜單，會讓肚子餓成為美麗的事件嗎？

(53) 自戀和社會戀

　　自戀和社會戀，是一輛馬車前後的兩匹馬。依比昂的說法，生的本能投資在自戀時，死亡本能會相對投資在社會戀；相對的，生的本能投資在社會戀時，死亡本能會分配更多在自戀。（這和H. Rosenfeld的以死亡本能的單一角度，來看「破壞的自戀」有所不同。）這個課題涉及精神分析的理論和技術，例如涉及只以個體的做自己，來看診療室裡的兩人或群體因子的影響。

　　這兩個語詞所指的內涵，在精神分析裡都是很原始的心理狀態，不是指一般拿來罵人的自戀，或者好像為了做自己，而替別人或群體著想，就是對於做自己的妨礙。不過除了溫尼科特強調的客體關係，以及外在環境如何成為具有促進成長的功能，都是對於個體之外，還另有其它的重要性值得強調。

　　以個體主義做為主要的思考基礎時，只是人都是客體養大的，是自己在看著別人的眼光下長大的，一個人接受心理治療或精神分析後，個人有所成長或蛻變，這種成果是個人努力的成果，或是個案和治療師共同的成就？

這種情形也會出現在，心理治療師或精神分析師的養成經驗裡，在完成必要的訓練過程後，變成可以完全做主了，接下來的反應是，覺得這個過程都是自己努力所帶來的成就，或是一群人共同的成就呢？所謂一群人的共同成就，在這裡所說的，並不是要求學生一定要永遠感恩之類的教條，而是涉及了在進行這個專業時，我們和其他人的合作情況，以及和受訓機構之間的關係？

　　原本以個體主義爲主的說法，就是要脫離群體才是做自己嗎？或者例如有些人比喻伊底帕斯情結，是要象徵地殺死父親才是做自己，這些比喻是有道理？是否可能變成某種似是而非，簡化了個人和客體或群體的關係？

　　個體和群體之間的互動性，而不是互斥性，但是當以個體「做自己」爲前提時，就讓自己和群體處於對抗的位置，尤其是在創傷經驗下活過來的人，是更易沉浸在這種深沉二分對立的深刻感受裡，以爲自己是只靠自己活過來的。這是事實只是部分事實，但是長期未被其它客體或社會，投注足夠的關切時，是容易有這種傾向來看待自己。

　　這種情況在診療室裡也常見，個案覺得就算來治療，也是有靠著自己努力走過漫長受訓經驗的治療師，卻常被比喻成只是垃圾桶般的功能，不是治療師要跟個案爭功

當你看著美麗的菜單，會讓肚子餓成爲美麗的事件嗎？

勞，而是這種情況下的個體主義，就會讓個人和客體群體好像仍處於某種敵對狀態，也許有人會說，這表示治療或分析得還不夠徹底的緣故。

不過，我想指出的是，這是如同比昂所指出的，自戀和社會戀，兩者都是一直相互存在，相互牽動。所謂「徹底」，是指從人生開始到人生結束？這個課題都是被放在心中想像的，雖然對於早年創傷者來說，這會是一個難題。畢竟要「完全」從當年的創傷走出來，是相當困難的，甚至是不可能的任務。也就是不需要以零和的角度，看人的掙扎以及個體和群體的關係。

(54) 心理碎片如海中孤島

　　例如當個案說著，她出生不久後，就被父母帶去鄉下給祖父母帶大，直到小學時才回到父母身邊，表示以前一直盼望父母快來帶她回去，她覺得這輩子和別人很難相處，都是這個經驗的緣故。她說的「這個經驗」是指什麼呢？她的問題不只如此，她幾乎很難交到朋友，工作上和上司相處也不好，只得常更換工作，雖然可以完成被交待的工作任務，但最後總是被暗示不適任而離開工作單位。她說這都是當年經驗的影響，讓她無法和別人好好相處。

　　個案這些描述裡將她目前的種種問題，歸因於一件當年的事，但是讓治療帶來的困局，就是這些好像都知道的故事，但是既然都知道原因了，何以仍無法改善她和他人的關係，以及持續維持著工作呢？

　　這種乍看是有因有果的現象，需要再進一步的分析，通常這種生命早年的創傷經驗，常是如同落地破碎的人生散居各處，每一個心理碎片都各自發展，如同開枝散葉。後來，不同心理碎片如同大海中的島嶼，忘記了它們原本是來自同一個起源。我主張這種比喻，或者再尋求其它可

　　當你看著美麗的菜單，會讓肚子餓成為美麗的事件嗎？

以更精準，也可以有多重想像的比喻，來建構我們對於「創傷」這件事的經驗和記憶，這是很重要的工作，這些想像和比喻裡會涉及到，我們對於什麼是問題，解決了什麼是痊癒的想像？以及如何達成，或者設定的痊癒是可能的事嗎？

如同個案目前生活上的眾多問題，乍聽是有類似問題而有重複的現象，但是對她來說，她倒不覺得是在不同人之間的重複，而是覺得她和不同人之間的問題，那是不同的問題。比喻上如同那些是不同島嶼的問題，就算當年它們曾相連在一起，後來才分開後發展出不同的生態經驗，也可能不認為目前每個問題之島，和當年經驗有直線的連結，甚至可能無法感受到，它們之間曾有來自相同起源的關係。

更甚的，被她當作是歸因的起源，可能並不是最核心或最早的起源，而只是被個案當作是後來人生主要問題的起源。但另有其它更早期的因子，是連帶影響目前問題的成因，只是這些成因由於太受苦了，因此以被送去鄉下這件事為後來問題的起點。也就是，被送去鄉下這件事的記憶，取代或濃縮了更早年其它心理的創傷。記憶之島裡，可能有其它小島是問題的來源，只是這些小島故事散在茫

茫大海中，在分析治療的記憶探索的過程，卻可能相互不
認識。

當你看著美麗的菜單，會讓肚子餓成爲美麗的事件嗎？

(55) 精神分析是瘟疫，是要表明什麼呢？

　　如同佛洛伊德當年去美國的輪船上，對著同行的費倫齊和榮格說，美國人不知道他們這趟帶去的，是場瘟疫。佛洛伊德指自己或他的想法是病毒或瘟神的意思，何以他這麼說呢？這種說法在精神分析經歷了一百多年後，仍有值得它被思考的地方嗎？

　　回頭來看，精神分析在當初發展的主要理論，例如，自己不是自己家的主人，而是有我們不自知的潛意識充當主角，以及相關的性學理論、伊底帕斯情結等概念，都是衝擊著當時人們的想法，依佛洛伊德的說法，他的論點對於人的自戀是一種打擊，使得人們想要避開精神分析的觀點。

　　這些說法直到目前仍適用？也就是精神分析和精神分析取向心理治療，仍可能被大部分人當作如同瘟疫般，擔心自己會被這些論點給搞垮了？不過精神分析自然可以依著這些經驗，證明符合佛洛伊德的觀察，然後好像已經找到了理由，來說明我們眼前的困局。然後就這樣子了，持

續維持假設和社會處在這種潛在的對抗裡。我的主張是，這種瘟疫般的認識是基礎，但我們不是只持續想著這個說法，如同它是定論，如同它是命運，而不是思索新的方式，想像如何和社會開始有創意的互動？

不然就好像變成了，因爲我們的老祖宗，老經典說著，我們的世敵是整個社會裡的自戀，然後我們就只依循著這個古老訓示？何況佛洛伊德是不斷進行著心理革命，如果古老訓示被當作如同開示那般，失去了再發揮心理革命的精神，再進一步想像面對這些古老說法的場景，我們就只是享受這種成果，然後把社會的阻抗當作是理所當然，就好了嗎？

畢竟，被當作瘟疫的精神分析，相對於其它自許是無病可強身，卻忽略了過程可能帶來副作用的模式，它們是社會救星般的想法和做法，卻可能冒著讓深度心理學淺薄化的可能性。也許精神分析需要一直正視著，被當作瘟疫是一項活化自己，讓自己可以有機地活下去的重要社會基礎？

因爲任何形式的心理治療，包括精神分析，都有它的副作用需要被觀察和想像，而不能只說那是個案自己的事。這讓精神分析的發展是戒慎的，雖然精神分析在早年

當你看著美麗的菜單，會讓肚子餓成爲美麗的事件嗎？

也曾有一段時日，被當作如同精神疾病的救世主般，不過還好過去了，現在是精神分析消化這種失落經驗的過程，精神分析不可能一無是處，但已經不必再過度理想化自己了。

(56) 伊底帕斯情結其實只是一個比喻

　　伊底帕斯情結其實只是一個比喻。只是取用《伊底帕斯王》劇本裡的一部分劇情，來比喻佛洛伊德對於自己和個案的觀察，起初他是以文化脈絡下被大眾熟悉的故事，來貼近潛意識裡大家都還很陌生的生活情節。但是以具體的「情結」來比喻潛意識裡的經驗，變成了意識上的概念後，易被理解為就是一個成型清晰可見的情結，好像只要一看就可以清楚看見了它，但是要看見情結是要忽略它周遭的情節，忽略了劇本本身還有很多其它細節，雖像是舖陳氣氛但不見得不重要。

　　這個情結概念已是日常語言體系裡的一部分了，但是個案相關的問題依然存在，一般都會忽略這個故事裡，伊底帕斯王努力探索當年故事的過程，直到他知道真相後，他是刺瞎自己的眼睛。這段後來的故事則是相對不被強調，雖然可以比喻為人們是多麼不想要真的，看見和認識自己的真正模樣，使得這概念雖是日常用語了，但是問題和症狀依然存在人們身上。

　當你看著美麗的菜單，會讓肚子餓成為美麗的事件嗎？

甚至有人因此推衍說，小孩在成長的過程，如果要獨立做自己，就需要在心理上有弒父的過程，這種說法卻片面地遺漏了娶母的故事。這種獨立過程的說法是有些望文生義，難道個體獨立的結果，就是心理上不再依賴重要客體，如父母嗎？雖然在早年承受創傷者，是常有這種想法，好像要完全切割從前的記憶和經驗，才能完全做自己。但是這種兩極化的理想，卻常是落於自己早就認同和吸納了，當年攻擊者的心意和做法，使得這種完全切割的期待，後來卻變成自己如同當年的攻擊者，使得要切割早年的施虐者時，卻像同時是要把自己的某些部分剔除，變成自己和自己為敵，這是常見的實情。

　　是否相互依賴才是真正的實情？在心理學上，如果假設有「內在客體」這件事，是否意味著完全獨立是種假相，是假我，雖然一般會以為，從父母那裡延續而來的是假我的成分，只是仍得再精製化說明，什麼是相互依賴？但如何讓內在心理世界裡的相互依賴，變成是具有創意和建設性的相互依賴，而不同於先前潛在地以「認同攻擊者」為基礎的依賴？

　　雖然至今伊底帕斯情結仍是臨床上有效的觀察，但隨著這個情結名稱的日常化，卻可能淡化了我們對這個語詞

的思考能力，變成只是落於俗套般的口號？前述以弒父的比喻做為成長過程的必要成分，就是一個簡化成俗套概念的說法，變成了大家以為一眼就可以看穿它了，然後就馬上知道怎麼辦了。這讓伊底帕斯情結變成了，如同一個夢之書般裡的特定說法，如高山就是陽具，凹地就是陰道的表淺說法了。

我想說的是，伊底帕斯情結是無法一眼就看穿的心理場景，只因沒有人真的想要後來變成目盲，因此也許只能看見，它派出來展演的某些段落場景。雖然這麼說好像很抽象，卻是較接近這情結在潛意識裡的潛在位置。

當你看著美麗的菜單，會讓肚子餓成為美麗的事件嗎？

（57）真的就儘管分析，不用管其它的嗎？

　　佛洛伊德曾以，分析就如同切斷某東西的分子鍵，只要儘管分析，不必替個案整合，因爲假設這些被切斷的分子，會各自再去尋找可以鍵合的分子。如果這個假設是百分百對的，大概就不會有依循這個意旨，而執行克萊因學派技藝的職人，他們嘗試以對「負面移情」（negative transference）的分析，做爲主要的甚至是唯一的焦點時，而帶來某些個案的反彈，使得某些不同學派的精神分析職人，包括法國的葛林（A. Green）在《死亡母親》（The Dead Mother）裡強烈抨擊這種技術，何以如此呢？

　　有些人主張，這是「精神分析」和「精神分析取向心理治療」的差別所在，主張精神分析就是儘管分析，而心理治療才需要想像治療相關的課題，不過雖然切斷分子鍵的比喻可以被科學地了解，但是放在深度心理學的技藝裡，我們以分析的語言說出口後，我們能夠了解多少，了解它會切斷什麼，以及被切斷的想法內容再自行結合後，

是否產生什麼有毒的東西而變得更糟糕？需要想這些嗎，如何想呢？如果分析後，個案老是出現危險的舉動，那麼需要再想像什麼嗎？這些只管分析之外，其它的想像和關切，在技藝上被稱呼做什麼呢？

　　是否就找定一群經歷被施以只管分析的個案群，把他們的特性一一分明出來，那麼就讓精神分析的適用性，只用在這些特質的人，至於其他人就當作，不適用於這種定義下精神分析？就好像胃藥只適於治療胃病。不過精神分析在發展過程裡的實作經驗，真能是這樣子嗎？在診療室裡有可能只做儘管分析嗎？其它的沉默時間，有什麼意涵嗎？可能不易如此，尤其是如果個案群不是古典的歇斯底里案例，例如佛洛伊德宣稱，精神病（psychotic）狀態者由於過於自戀，無法出現對分析師的移情，因而無法被分析。但是克萊因的重要學生們，卻是以精神病人的分析，建構了至今仍重要的論述，例如比昂（Bion）的觀點。那麼，他們真的可能只做分析，不做其它的嗎？

　　其實，不同的治療師或分析師，早就對技術細節做了或大或小的調整了，雖然我是傾向認為，這些調整可能早就是精神分析職人們日常工作的一部分了，只是不被當作是正式或上得了抬面的技術。有時甚至是治療者不自覺

　當你看著美麗的菜單，會讓肚子餓成為美麗的事件嗎？

的依個案的情況，而做了不少微調以便分析治療可以持續走下去，例如，如果沒有某些古典的自我心理學（ego psychology）取向者堅持古老技法，也就不會有寇哈特（Kohut）以自體（self）為基礎，擴展自體心理學（self psychology）的自戀論點，並發展以同理或同感為基礎的技藝，這和古老以詮釋（interpretation）做為核心，甚至是唯一技藝的分析，是有重大差異。

因此還是涉及了，來到診療室找我們的人，是些什麼樣的個案，在剛開始執業者或資深者，是否會漸有不同的工作對象的選擇？或者每個人在有限的工作時間裡，選擇個案的方式會影響著，我們個人認為精神分析是什麼，它採取的主要技藝是什麼？

(58) 同感或同理或共感嗎？
empathy有多體貼呢？

　　同感或同理或共感嗎？empathy，光從這個詞如何中譯，就會反映著對這個詞彙的理解有不少的落差，表面上這涉及了以象徵的字詞，來代表某項系列的動作和感受變化的過程，這讓某個語詞被用來描繪這些心理動態過程時是困難的，像某人承擔了一項需要兢兢業業的任務，深怕自己無法做到這項任務需要的能力，那麼我們調派了同理、同感或共感，要來承擔我們日常心理工作時需要的任務，這些語詞能夠勝任嗎？

　　不論是同感、同理、共感、神入等都是新造的詞語，但是從臨床的督導經驗裡也發現，大家對於自己用的語詞的理解仍有不同的差異，就算是使用相同中譯詞的人之間也可以見這種現象，因此關於英文的empathy的動態內容和成果是什麼，都還有很大的論述空間。自體心理學的發展者寇哈特，他人生大半輩子在這個語詞想要代表的心理和技藝上打轉，做了很多的論述，都是在一次又一次的布展，他對於empathy這語詞所要代表的心理內容，以及它

　　當你看著美麗的菜單，會讓肚子餓成為美麗的事件嗎？

外顯在人際上的複雜動態過程的描繪。

雖然同理心的說法，在台灣流行的同理心的訓練，是在心理相關工作裡常被提到的一種處置方式，雖然因為大家解讀上的落差，有時被說成好像只是在對待其他人的受苦時，要如何說些可以體貼心意的話，好像變成了某種要熟練某些語言的訓練。例如，我了解你的辛苦，或我知道你很辛苦等最表淺的說詞，但這些相對於一般會見到的粗魯語詞，這是很大的文明進展。

但是如果只是這樣，可能不足以承載精神分析想要發展的，在診療室裡個案和治療師之間的複雜感受和想法，尤其是內容指向潛意識時更是如此，如果把同理心訓練變成只是台詞表達方式的訓練，是把empathy這個字所代表的動態情境淺薄化了。雖然相對於原本粗魯，不站在他人的立場來體會他人處境，這是一種很大的文明進展。不過這語詞在自體心理學的深化後，也衍生出它在深度心理學場域裡的其它可能性。

當我們要使用自己的語言來了解時，就會出現另一個問題，我們的譯詞可能會窄化原本要指涉的內容，但是也可能由於譯詞相關的在地脈絡下，譯詞原有多重意涵和後續聯想，使得譯詞可能意外地增添了原本語詞未指涉的內

容。這個結果可能豐富了原本詞彙的意義，進而讓精神分析在地發展過程，有了新觀點的增添而擴展了精神分析的範疇。

也許這不必然是誰對誰錯的課題，但是也不能說都對，只是誰能做這個仲裁者呢？這些都需要回到臨床過程的觀察，以及在同儕圈的脈絡裡，被確認是有它的臨床基礎後，這樣的語詞才會持續存活下來。其實所涉及的難題是，當我們如一般所想像的，是以穿進別人的鞋子來體會對方的困難，這個比喻大概都是指對方的鞋子比我們的小，使得我們不易穿進去，至於如果對方是大腳鞋呢？

以踩進別人的鞋子，來比喻體會他人的說法，意味著這是「如果我是你」的具體行動版，但是這種「如果」是真的如果嗎？以具體的踩進別人的鞋子，就能讓這種如果的比喻更貼近到達原本的目的嗎？涉及我是誰，你是誰，你是鞋子或是鞋子外的所在呢。踩進鞋子裡，要走多久才能有真正的體會呢？這麼說好像有些挑剔。

另外，同理、同感裡的「理」和「感」是兩個不同的領域，一般來說「理」是接近科學知識的道理，而「感」則是有美學意味的感受或品味，如果只採用其中一詞時可能就會忽略了另一方，或者其實更真實的場景是，就算

當你看著美麗的菜單，會讓肚子餓成為美麗的事件嗎？

是採用其中的某個譯法，但是在實作過程裡，我們是兩者都共同存在心中，只是不同人會有不同的比例，有人偏重理，有人偏重感的成分，這也會造成不同人之間爭議的來源。

我另有一個empathy的想法。那就是它是否指說些話或呈現某種態度，如同在個案此刻的心曲旋律上，填出一些對位共鳴的詞呢？是否如同替個案內在脈動的旋律，填進歌詞能夠對位地引起共鳴，而不是任意的填詞，難以和內在旋律搭配成悅耳的歌聲？

(59) 有多餓才是在餓鬼道上呢？

　　餓鬼道的比喻是個有趣的概念，這是來自日常宗教的一種比喻，主張在地獄裡有著某種餓鬼道，這裡的餓鬼的形象是很大的肚子，肚子很餓，渴望吃很多東西，但是脖子很細長，很難吞得下東西，加上嘴巴裡有火，只要有東西進到嘴巴裡就馬上被燒掉了。其實這種形象在臨床上是常見的，不少個案會讓我們覺得，他們好像吃不飽那般，治療師一直給建議但總是無法滿足個案的需求。而且需求常是多樣的，好像整個人生是處在某種飢餓狀態，一直要很多東西來滿足，但是卻總是難以滿足，總是給不夠的感覺

　　例如，有個案要求治療師給他一些建議，因為他覺得生活和工作上到處都有問題，覺得其他人都不願意和他做朋友，他覺得自己只是期待他們可以幫他的忙，他覺得自己的問題很需要被幫忙。但不知為什麼，他的朋友和同事卻常在聽他談個一兩次就遠離他，而這也是治療師可能的感覺，好像每次會談總有種永遠不會讓他感到滿意的感覺，但是偏偏他卻覺得是治療師不理會他，對他太淡漠，使他來治療時覺得愈做愈糟糕。

當你看著美麗的菜單，會讓肚子餓成為美麗的事件嗎？

理論上來說，這種形象是早年的失落，遺留下的空洞感常呈現的樣貌，這是從現象上對於內在深層心理的假設式描繪，只是可能會遭來負面評論，覺得這是在批評個案，說他們是太貪得無厭才會生病。這是不必要的污名化的說法，餓鬼道的描述是一種重要的提醒，尤其是對治療師來說，要深切體會這種內在之聲所遭遇的困局，才不會過於急躁地求近利的改變，或者才不會過於簡化地以為，只要給個案某個答案，然後就會改變了。

　　這反而可能讓治療關係變得很淺薄，好像個案的心理是淺灘式，可以一目了然，然後就有簡單的答案。並不是用這個比喻來做為苛責個案，說他們貪得無厭，如果這麼做，這是問題，也是對個案的攻擊，而不是在治療和想要多了解些什麼。對於精神分析取向者來說，任何比喻例如最古典的伊底帕斯情結，被簡化成弒父娶母，也常被簡化成好像人如果要獨立就是在象徵上得如此做。

　　但這種做法卻讓精神分析的術語，變成了好像是人生的規劃文案，這是誤解也誤用了精神分析的術語，而餓鬼道的運用也可能被如此誤用，做為攻擊個案的說法，如果是這麼用，那麼使用者得自己思索，何以要用這些概念來攻擊他人呢？

(60) 故事在回頭的千山萬水裡

　　走過千山萬水，再回頭說以前，這是什麼意思呢？通常生命早年承受創傷的個案，在他後來的人生裡可謂是經過千辛萬苦，因為他在後來人生裡，常是遭遇到會傷害他的人。雖然這些傷害，從外人來看，可能很快會覺得是他自找的，他只要避開某些人就好了，只是偏偏所謂某些人是指那些人呢？像會傷害他的父親或母親？

　　但是在他心中，父親母親是什麼模樣呢？其實這是很難的課題，雖然外人覺得很簡單明白，以為就是如何如何，不過這些大都是超過他能體會的說法，因此仍會重複地和會傷害他的人在一起。

　　這種重複性高的人際創傷，這種重複乍看是雷同性高，因此我們可能以為很快就可以找出原因，而這原因就是他說的誰傷害他，使得他目前會有這些遭遇和磨難。這種說法有何意義嗎？以當年誰曾傷害他，所以目前他會常被某些人傷害，是因為他會去和類似父母的人交往，然後再飽受傷害？

　　這種直接回頭回顧當年故事的做法，是基於直線式的

當你看著美麗的菜單，會讓肚子餓成為美麗的事件嗎？

因果關係而做出的結論。這是以線性平面的想法，將創傷事件和目前的問題之間，拉起直線相連的因果關係，在他小時的經驗和目前的問題之間，拉起一條被當作主要問題的實線，以為就是當年那樣，所以目前會這樣。

　　但是這條實線並不是如一般言談時所呈現的樣子，是一條直線從現在回到從前？我們可以從這端看到另一端？這是在說故事時常見的情況，但是實情不太可能是這樣。

　　通常跋涉千山萬水，走過千辛萬苦，如同走過高山一峰又一峰的景觀，不是在平面上的移位，可以回頭一看就從現在看到以前，可以隨時很容易的跟從前對話般。如前所說這不是實情，他走過千山萬水來到目前，跟我們可能就像在某座山的山腰，在談話他的往事。

　　但故事是在千重山之外，是在他跋涉千山外的地方，臨床實作的情況是貼近這種情境，但這好像聽起來很直線，可以很快回顧的過去，其實是需要再次的跋涉千山，再回頭尋找來時的地方，才能看見從前。

　　這只是某種比喻，只是要說明回頭說往事，並將往事當作是目前問題的起源時，其實不是那麼容易歸因，由於要走回頭路也是辛苦的。因此在臨床上是可見，個案的猶豫和走走停停，有這樣的想像很重要，才不致於過於簡化

地想像，過去和現在的關係，而過早地以爲盡早讓個案知道當年的故事，就可以讓他釋懷並解決多年來的問題。

畢竟走在千山萬水，千辛萬苦的過程，要走回故鄉而會近鄉情怯，也不是少見的情況。當我們在聽個案說著早年的故事，並且一心一意要從這些故事裡，找出目前問題的根源，但常常是就算回到故事後，也可能難以面對故鄉人事景觀全非的複雜心境。

由於個案在說當年的故事時，常是以很肯定的樣子，但是被說出來的故事本身，也可能不是那麼全然的樣子，有可能只是當年故事的某個小部分。

當你看著美麗的菜單，會讓肚子餓成爲美麗的事件嗎？

 **(61)** 分析治療的過程是最後找到源頭，如同拉起一串粽子嗎？

　　分析治療的過程是最後找到源頭，如同拉起一串粽子嗎？這種想像的真實性有多少？或是如同碎片的人生，人只是走在不同的碎片之間，並嘗試讓這些碎片之間可以有些聯結？

　　的確在一般人的期待裡常是假設，甚至是肯定的以為，要替目前的人生困局找出原因的話，就是回頭到人生的最早期開始尋找，這使得在催眠術時代就有藉著催眠想要讓人想起，並說出被當作是生命很早年的記憶。佛洛伊德在發展精神分析的過程，起初也借這種期待，說成是讓潛意識變成意識，或者說是補足當年失憶的記憶內容，做為精神分析的目的。

　　這種假設也就有著如同假設，可以在原始的起源裡，找到某個記憶或某種創傷，就好像找到了一串粽子的源頭，可以一把就將所有潛在的問題，都一次就拉起來，全部都見光，然後黑暗就不再了，光明就來了。並由此而主張目前的問題或症狀，就可以順勢解決了，不過這種魔術

般的期待不見得是實情。

在佛洛伊德的時代，他就發現了，事情不是那麼簡單，不過就算如此，在各式各樣模式裡，仍是常見期待可以找到一個真正的主因，當作是如同一串粽子的主要源頭，期待只要拉起這個源頭，然後就可以看清一切的期待，仍然不曾消失。甚至仍可能是主宰著一般人或治療師在治療過程裡的期待，就這樣解決生命早年創傷的一些問題。

在這種期待下，我們很容易就依著現有已知的理論，例如包括伊底帕斯情結的概念，而一直只想要收集個案是否有和這些相關的佐證，這樣子就會不自覺地像是依著診斷條例，在尋找證據做為診斷的依據。

不過畢竟精神分析取向的心理治療，並非是只要做出診斷個案有伊底帕斯情結，就表示了解個案了，這離了解其實還很遙遠。因為不同個案受相關影響的細節是很不同，而且這些不同都會構成個案後來的不同問題，這些問題更是散布在生活的各個層面。雖然在這種情況下，做出的伊底帕斯情結般的診斷，是意味著它有著如同一串粽子的起頭，只要抓起這個起頭，那麼浸在水中的粽子都會被拿出來。

當你看著美麗的菜單，會讓肚子餓成為美麗的事件嗎？

但實情不是如此。因此後來所衍生的問題，都是經過防衛機制的運作，而難以很快地了解，這些散布在生活裡的細節和樣貌，因爲經由防衛機制運作後，通常是無法很快就從表相看出它們之間的內在聯結是什麼。甚至當我們只是一心一意，要尋找和理論相關的佐證時，就容易忽略其它可能重要的課題，因爲生命早年承受的創傷，在分裂機制（splitting）和否認機制（denial）的運作下，個案的內在世界是如同碎片般四散，而它們之間可能的聯結也都不見了。

　　就目前的經驗來看，連夢都會扭曲了，記憶會不扭曲是不可思議的事，如比昂所描繪的「被去聯結化」（delinked）的心理運作，而無法如期待的容易找到粽子的源頭，一把抓起就可以讓所有四散各處的因子馬上集結起來，讓我們可以一眼就看穿問題的本質和後續，雖然這種期待會一直存在人們心中。

(62) 大結裡還有更多小結，小結裡頭還有更小的結

　　個案的陳述問題常讓自己和我們覺得，有一早年創傷的大結在那裡明晰可見，因此只要可以打開這個大結後，其它的就水到渠成，就好了。不過實情可能更像是，大結裡還有更多小結，而且小結打開後，裡頭還有更小的結。

　　相對於一般常見的，以為有所謂核心問題可以如同抓起粽子的源頭，然後問題就都清楚了，在這個大小結的比喻裡，是針對這個問題的另一種想像，也是在臨床上常見的，糾結的人生是常聽到的一個比喻。我就從糾結的想像，談這個比喻對於我們在臨床課題上，會引來什麼樣的想法和做法，對於我們在實作過程裡，會帶來什麼衝突呢？

　　常見的是個案在說著某些故事，來呈現自己的問題時，會是圍繞著一個大問題，而重複說著相關的故事，好像是要藉由不斷重複的述說，讓治療師可以確實地看見，他曾經承受或正在承受的受苦經驗，通常會形成一種印象，他的問題是有一個大結在那裡，而且在說故事的過程

當你看著美麗的菜單，會讓肚子餓成為美麗的事件嗎？

裡，就間接地呈現只要把這個大結解開了，他的問題就可以解決。

有可能治療師會不自覺地認同個案這種想法和態度，但是這種期待以為只要解開一個大結後，就可以解決問題的期待，卻常是招來另一場挫折的開始。

因為一個大問題的浮現，常是周遭有很多小問題集結而成，因此更確實的比喻是，大結打開後發現裡頭有更多的小結，並沒有如預期的就不再有心結，和他人就不再糾結，而是大結裡有著千千小結，這些小結也都顯現在生活上處處有著小問題。這些小問題累積到某個程度，就又變成一個大問題，常是這樣子的循環。

做為治療師不是要用這現象去讓個案感到挫折，但是也不能忽略這些期待，如果也被治療師認同的話，就會容易在實質的治療過程裡帶來額外的挫折感。

(63) 成功後的個體，會和群體維持什麼樣的關係？

如果每個個體都有自己的心理倉庫，而群體裡的其他人也都有自己的心理倉庫，這些心理倉庫之間，是可以相互運用變成自己的資源嗎？

由於一般人在目前的文化氛圍裡，大都是以主張個體和做自己為前提，加上精神分析也是從個人的治療，做為出發的相關後設心理學，大都是以個體的心理學，做為主要表述和想像的場域。在這種情況下容易看見的情況是，會強調靠自己的努力，如果成功了也大都會歸於是個體的努力成果，這當然是事實，只是這可能只是事實的一部分。

如果只看重部分事實，就會發生個體忽略了，在走向成果的過程裡，以診療室的治療，或精神分析機構的分析師或心理治療師訓練來說，是成功後的個體，會和群體維持什麼樣的關係？重要的關鍵是在於，心中覺得是自己努力的成果，還是覺得是個體和群體相互努力後的成果？

這種差別帶來什麼樣的後續呢？比昂談論自戀和社會

當你看著美麗的菜單，會讓肚子餓成為美麗的事件嗎？

戀，是以同輛馬車的前後兩匹馬來比喻它們，他說如果生的本能較多投注在自戀時，死亡本能就是分配較多在社會戀，如果生的本能投注較多至社會戀，死亡本能就會投注較多於自戀上。意味著自戀和社會戀是同時存在，且是相互動態影響的因子，這兩個因子是指深層潛意識運作的因子，當自戀多時就意味著更關切自己，而相反的就是更關注在群體上。

就生之本能的「能量永恆定律」來說，分配至個體和群體的比例，的確會有所影響個體和群體的關係。也許會好奇，既然以個體為主要焦點的精神分析取向，何以要談論群體的課題呢？這涉及了那些早年創傷者，常自覺他們是自己一個人長大的，這看來是不太可能，但是在心理上是可能且常見。我假設這也常是一般心理的一部分感受，再加上個體主義的加持，會容易忽略了客體或群體的因子，這樣子就讓其他客體或群體的心理倉庫的經驗，被不同程度的切斷聯結，好像一個人的成功都是只靠著自己。

# （64）以霸道的國王來比喻禁區裡的死亡本能

如果我們假設潛意識裡的死亡本能，轉型成破壞本能來影響個人的一生時，這是什麼意思呢？這些本能是什麼呢？我們照理論是無法直接見識到本能本身，那是潛意識裡無法被五官所觸及的存在，我們只是透過其它的代表物或再現物（representation），來感受和推想它的存在，不過還是值得以其它的象徵，來嘗試理解和它有關的臨床現象。

一如佛洛伊德搬出伊底帕斯王的故事，來說明他發現的，嬰孩和父母之間的複雜情感。但是伊底帕斯情結被說出來後，也可能就讓其它的細節，可能在一般想像的去蕪存菁的感受下，而只注意著直接相關的訊息和故事。

如果以國王而且是霸道的國王，來比喻在禁區裡的死亡本能，而這個本能有能力派遣出兵士出征而變成破壞的現象，也許還是接近破壞本能的說法？就臨床來說，兵士是具有戰鬥力的主體，它們可能存在的方式是某些症狀或是某種態度，但是帶來了破壞的結果。而我們做為個案外

　當你看著美麗的菜單，會讓肚子餓成為美麗的事件嗎？

在客體或者輔助的自我，和個案的自我能夠處理的是，收拾這些殘局，這些由兵士所帶來的破壞，在個案可能呈現在人際關係或者工作上的問題。

由於只是兵士而已，如果我們假設，要詮釋的是這些兵士背後的國王的動機，這些兵士在打打殺殺之餘，還有能力了解我們的詮釋想要傳達的深意嗎？何況我們的詮釋是要它們幫我們傳達給它們的國王，如果是這樣，當我們把兵士都視同仇敵，要殺光它們，那麼誰會幫我傳達詮釋的意旨給國王呢？或者實情是，有些兵士也有著傳令兵的溝通角色，一如溫尼科特主張的，非行行為也是某種傳達希望，也有著溝通的意涵？

如同比昂（Bion）微調克萊因的「投射認同」的概念，認為投射認同也有好的部分被投射出去，也有溝通的意味，因此是另有一些溝通者夾雜在兵士之間，讓我們的詮釋，尤其是對負面移情的詮釋，可說更像是針對死亡本能的國王所發出的通緝令。

但是就算有傳令兵拿著我們的詮釋所發出的訊息，希望藉由對負面移情的詮釋，來消散或減緩死亡本能時，傳令兵敢跟國王報告這件訊息嗎？或者報告這封如同通緝令的詮釋，國王就會突然痛改前非嗎，或自己打開城門向我

們投降嗎？其實這些都很困難。

　　那麼何以臨床上克萊因學派的跟隨者，會覺得這種詮釋仍有作用，是否意味著還有其它我們所不知的現象存在著，並且發揮了給與通緝令之外的功能，讓國王有所感動，而在某些時候，會因為心動而少派出兵士？只是國王畢竟是國王，他有打開城門走出城牆向我們投降嗎？或者等於要國王接到我們的詮釋，如同通緝令般要國王自宮，但是這是可能的事嗎？

　　如果這些事還未發生，那麼和國王派出來的兵打戰，我們可能還很難接近國王的城垣，我們只在離城堡很遠的效外和兵士交手，但是我們能夠和兵士玩嗎？這是可能的嗎？能夠玩是有趣且有情感的互動嗎？這是我們做為分析師或治療師的工作嗎？我們要派遣什麼和它們玩耍呢？如同溫尼科特所說的，將那塊殺伐之荒郊野外，轉型成具有創造力的過渡空間嗎？

當你看著美麗的菜單，會讓肚子餓成為美麗的事件嗎？

(65) 心理防衛如建構美麗古老的城堡

　　心理防衛如建構美麗古老的城堡，那是潛意識裡本能和自戀裡的國王所搭建的城堡，通常國王是不會親自上陣的，而是派遣士兵出來和外界打交道或交戰，但是國王居於擔心被害的焦慮下，都會有建構自己的城堡。這種情況也可以用來談論佛洛伊德的深度心理學，例如由自我（ego）所承擔的防衛功能，我們隨著分析治療的過程，如果發現國王所派遣的兵士可能變弱了，讓我們可以更接近國王的城堡，那麼我們會如何做呢？希望可以打穿破壞掉城牆，讓這個自戀或帶有破壞力的國王，從此不在存在，這是可能的嗎？尤其是對於人的破壞性或死亡本能，有所謂被完全消滅這件事會發生嗎？

　　也涉及另一件重要的事。當我們面對個案的種種防衛，如古老城牆，我們會如何處理這些防衛的城牆呢？只是要打掉它們，不能留下任何禍根，怕雜草在春風又生出來？這是唯一可行的方案，或者這是做得到的方案嗎？如同佛洛伊德在晚年的文章《有止盡與無止盡的分析》裡提

到的，人的原我（id）強度和它的命運是難以預料的，如同外在環境，我們無法保證被分析後，以後就永保無事了，因此是否另有其它方案，來面對個案的防衛呢？

　　如果運用如古蹟保存般的態度來處理呢？畢竟當初建構這些防衛是有必要性，和後來古堡的保存問題，在古堡裡的防衛裡，我們如何猜想和建構心智的發展呢？城堡做為防衛，當作古蹟，雖然一般常會以防衛是阻抗，讓個案無法往前走的原因，因而常是以那是要被拆除的防衛，好像只要沒有防衛後就會暢通了，就會了解裡頭藏著什麼問題和故事？這是古典的想法，從潛意識到意識的忠誠擁護者的說法，但只是這樣子是無法解決問題的，因為實情上不是打破防衛，最古老的故事記憶就一定會出現，這涉及很多複雜因子的累積成果。

　　常見的是有防衛和城牆，但是後來都忘了當初要防衛什麼了，只是留下防衛的結果。雖然也有人將防衛當作「假我」，但這可能是重要的誤解，畢竟這些防衛也是當事者人生的一部分，依溫尼科特的意見，如果要尋找真我時，卻對假我的探索沒興趣，那倒不必想要了解真我是什麼，對他來說假我和真我是相互且共同存在的。我們把古蹟的假我城堡打掉，來發現真我嗎？如果有真我，那麼他

當你看著美麗的菜單，會讓肚子餓成為美麗的事件嗎？

隱身如此長久了，當城牆被打掉了或穿個洞，這真我能夠
適應強光嗎？

　　這些看來都是語詞定義的課題，不同的分析者可能有
不同的特定定義，關於防衛、真我、假我等，不過不論是
何種定義，都值得我們思索的是，如果我們不是以排斥的
態度來了解防衛，甚至是以對待古蹟的態度，來好好研究
當年至今留下的防衛，也許是讓我們能夠了解心智作用的
重要方式。

　　一如佛洛伊德對於夢的研究，並非以從「顯夢」來了
解「隱夢」是什麼為最重要的事，更重要的是研究和探索
「夢工作」（dream work），也就是夢是透過什麼機制，
什麼過程，例如濃縮和取代的機制，依佛洛伊德的論點，
這兩者就是心理防衛機制，且在「夢工作」裡扮演了重要
的角色。

(66) suggestion從「暗示」慢慢蛻變成「建議」

　　分析的金與暗示的銅，金銅比喻，這個比喻在法國起初被誤譯為分析的金，暗示的鉛。銅與鉛是差很多，但是用在這個比喻會帶來什麼重要的差異？首先這個比喻是來自佛洛伊德，他在實踐精神分析多年後，覺得精神官能症對於人類生活品質的影響，不下於當時尚無法有效治療的肺結核，因而提議將精神分析以變型的方式，運用於廣泛的大眾的治療。

　　他提出來的變型式就是，把他放棄多年的催眠式的暗示再拉回來，而建構出分析的金和暗示的銅的說法。以金銅來比喻，自然也反映了他心中的價值觀，不過如果不把他精心發展多年的精神分析放在金，也是奇怪的事吧。

　　先談法國一度誤把銅譯為鉛來說，這種誤譯大概難說沒有其它的意涵，最明顯的是，如果在堅持精神分析的完美性和理想性的話，被加進了其它東西自然會被當作是雜質。金和鉛混在一起，就會變成看起來很髒的組合，因此被誤譯為分析的金和暗示的鉛，也許有著不甚苟同佛洛伊

　當你看著美麗的菜單，會讓肚子餓成為美麗的事件嗎？

德這項提議吧，覺得精神分析的金被鉛污染了。因為金和銅可以成為重要生活用途的K金，而且硬度增強了，反而可以供做原本金無法自己擔當的用途，因此當使用分析的金和暗示的銅，是有著成為K金般的用途。

我把分析的金和暗示的銅的說法，運用於精神分析取向心理治療的基礎，以此在理論上有別於精神分析。雖然是不是真有純粹如金般的精神分析，仍是一個值得探索的題材。佛洛伊德提出這個說法，並不是直接回到他早年放棄的催眠術，而是主張要以精神分析的經驗做基礎，我用近代的說法會主張是「分析的金」就是「移情的金」。但是談論「移情」，是難以避開不談「反移情」，兩者是連動相關的。

以移情和反移情做為處理的焦點，至於暗示的銅是指什麼呢？在佛洛伊德的時代是指催眠式的暗示（hypnotic suggestion），由於暗示的英文suggestion，也是目前以「建議」被理解的字眼。暗示和建議不全相同，但是既然都和suggestion這個字結緣，也許可以說「建議」是隨著時代的意識型態，例如民主和自由的發展，而讓suggestion從「暗示」慢慢蛻變成「建議」。

不過，我相信催眠式的暗示，在本質上是不曾在我們

周遭消失過，未來也不太可能會消失，我不是說催眠術本身，而是催眠式的暗示會化身成各種新版本，而隱身在日常生活裡。至於暗示的銅，我主張是回到診療室的實作經驗裡，來觀察和想像一位分析師或治療師，在進行精神分析取向的做為裡，除了核心的技藝，詮釋，尤其是對移情的詮釋之外，是否還有其它的做為或不做為，是會影響著個案帶來創造或蛻變的因子？

　　除了詮釋之外，我主張其它因子可能是暗示的銅的成分，也就是它是會成長的，畢竟隨著我們再仔細觀察，診療室裡的做為和不做為，除了精神分析核心技藝，詮釋，其實仍另有不少因素，會帶來人和人間溝通的促進作用，並讓創意因此而誕生的空間。

（67）焦慮是駐守在憂鬱空洞洞口的火龍？

　　焦慮和憂鬱的關係是什麼？其實這仍會是各種想法交戰的所在，包括什麼是焦慮？什麼是憂鬱？目前由於美國精神醫學診斷條例的強大運用範圍，但是從精神分析的角來說，對於焦慮和憂鬱的觀點，和精神醫學是不見得有完全相同的立場。不過在我們真正了解這些症狀本身的情況前，這些不同聲音仍是值得存在，而且都會留下重要的文明資產。

　　畢竟要了解這些百年至今的焦點議題時，仍是一個值得探索的課題，或者說相對於人性或心智是什麼，焦慮或憂鬱等讓人們受苦的經驗，是否只是人性或心智的表面象徵或比喻，而是另有更深層的人性或心智？

　　例如，憂鬱是如同失落而空洞般的存在，而空洞裡則是在無力感、無助感、無望感，它們所推擠出來的複雜現象構成了憂鬱的模樣，讓憂鬱做為複雜現象的代表者。

　　而焦慮恐懼則是另有代表？因為我們無法只從表象的焦慮恐懼，就知道它們是什麼？它們是內在各式心理被取

代和濃縮後，所呈現的代碼和象徵？或者它們更像是駐守在憂鬱空洞洞口的火龍？讓我們所派遣出來的語言難以接近洞口，更遑論讓這些語言能夠被思考，尤其在難以找到縫隙進入洞裡，去經驗空洞裡是什麼模樣。或者說焦慮恐懼是否是讓我們有機會，可以接近失落的憂鬱後所造成空洞？

這也是閹割焦慮的基礎，會有這焦慮是否意味著，因為曾有失落的經驗和想像，因此害怕會失去陽具？本質上是失落的經驗為基礎，但有焦慮總是跳出來護駕，讓人免於經驗失落的感受？顯示著這種失落的經驗是更受苦，而更難以被接受的經驗。而這裡的陽具也是某種重要客體的象徵比喻，因此閹割焦慮更是在象徵之上的另一個象徵。

這也是一般總是以試穿別人的鞋子，來比喻體會和empathy他人，因為鞋子是空洞，能夠要試就試嗎？是否也有如火龍者駐守著，而難以接近鞋子呢？接近鞋子的空洞，一如我們以空洞來說明失落和憂鬱的本質，也就是鞋子必須有空洞做為本質才叫做鞋子，因此是否意味著，在處理技藝上，憂鬱和空洞感更是需要empathy，或者還需要其它的呢？

當你看著美麗的菜單，會讓肚子餓成為美麗的事件嗎？

 **(68)** 也可能有人會把自己建構成讓人可怕的恐龍模樣

　　恐龍的建構是從挖到古老的骨頭開始的，如同說著古老的人生故事，如何拼湊出自己的樣貌呢？個案說的故事就算是聽來完整，但如果我們太快滿足於那種完整性的錯覺，就可能會錯失了「弦外之音」所帶來的「意料之外」的了解。畢竟人的記憶是如同考古現場那般，總是由破碎的驚恐記憶片段所拼湊而來。

　　不過人通常難以承受處在記憶破碎的狀態，因此從小到大就會自動不自覺地，不斷地從破碎的人生整合成自己的過程，要有個自己覺得自己是什麼模樣。其實是類似從被挖出的骨頭，拼湊成一隻恐龍的模樣，這是死了的記憶，卻被建構得如活過來，是生和死的交界，外在現實的死卻是心理真實的活躍。

　　依循前述的比喻來看，在心理治療的過程裡，詮釋或者治療雙方建構的過程裡，分析的態度是什麼？或者說在建構出具體成形的恐龍的過程，需要什麼樣的態度呢？有科學的態度和藝術的態度，但是想要把恐龍打造出來的心情是什麼呢？如果以防衛的角度來談，我們的分析的態

度或中立的態度可能是什麼？畢竟既然說是「態度」，意味著是我們展現出來的行動和氣氛，而不全然是在語言本身，是更指向言語之外的氣氛。

也許分析治療的最後目標，或分析的態度做為內在心法的話，是指最後讓心中的自己如同被挖出土的恐龍，有肉有皮膚有表情有情感，我們看見時就會如小孩那麼喜歡恐龍？好像是我們在那時刻裡是個自己的小孩子，是自己生下自己後，再看見自己的恐龍模樣，會很高興很喜歡，雖然被叫做恐龍的是很令人害怕的巨大，會吞掉人的呢。也可能有人會把自己建構成讓人可怕的恐龍模樣。

當然也可以用防衛所建構出來的城堡或城牆為例，來談這種態度的課題，或者以我們日常用語裡的「心法」，也可以接近這裡所談論的「態度」的主題，如何以保存古蹟的態度和心情，來處理防衛所遺留下來的城牆，不再只是推倒它們而已，而是更細緻地保存維護它們，但是思索依情境而創造新的使用方式。依目前古蹟再修復再利用的方式，也許有很多方式值得再思索，但這意味著不是把它們直接打掉，做為處理從小到大的各式防衛所建構起來的心理城牆。

（69）如果以人生的碎片來比喻創傷後的心理處境

　　創傷時的驚恐和失望所帶來的心理效應，如同某種東西破碎後四散各地，這個比喻很重要，雖然我無法說只有這個比喻值得用來形容，早年受創傷者在後來的人生裡，如何撿拾著自己的記憶，想要拼湊出自己的模樣？相對於建構恐龍的想像，破碎的自己是很多個案述說自己的故事時，他們常呈現的說法和態度。

　　如果以人生的碎片來比喻創傷後的心理處境，一如有人說，他被某人拋棄後就心碎了，而早年生命的創傷所引發的心理碎片，可能有什麼特性呢？這些心理碎片可能就在它最後落地的所在，各自發展成自各的風景，如同一個家族在移民其它地方後，四散了，然後各自在落腳的地方發展著他們的未來。

　　創傷的人生碎片在各地發展後，如同個案述說著不同情境下的人生故事，例如和同學和朋友和老板等不同的人生故事，但是四散的碎片之間，已經忘記了當初的處境，忘了當初是如何來的，也忘了當初完整的情況，其它部分

到底怎麼呢？使得個案在述說後來發生的某些故事時，我們從旁人來聽會覺得，故事之間的某些情況有潛在雷同模式。

但是對個案來說，卻是四散後的東西各自成長了，卻互不相識，在治療的早期，就算治療師想要讓個案看見這些，發生在不同人之間的故事，其實都有著相同的起源，有著類似的行為模式，但是個案卻是很難理解這是什麼意思。

那麼對我們來說，就是讓那些不同故事裡人物能夠相互對話，好像讓他們相互認識，雖然這只是心理想像上的做為，這是知道自己歷史的方式嗎？那些發生在不同地方的人事物是相互不認識，卻都是人生裡的部分，而且這種知道是什麼意思呢，是鄉愁嗎？這涉及了一般想像的，破碎人生是整合的問題嗎，要整合什麼？將不被記得的歷史事實記起來嗎？

或者在個案的心理想像裡，那些原本發生在異地的人事物，能夠在個案的心中相互對話，相互了解？不然我們所說的「整合」是指做什麼呢？讓什麼整合呢？所謂整合出一個自己是什麼的模樣？或者是更包括整合生命故事裡，眾多人事物之間的對話關係呢？

當你看著美麗的菜單，會讓肚子餓成為美麗的事件嗎？

(70) 詮釋可能如同給與肚子餓的人菜單

　　佛洛伊德曾比喻，精神分析的詮釋，有時候像是拿菜單給肚子餓的人，肚子餓就是肚子空空的，就是失落後的空洞，只是佛洛伊德當初不是針對失落和憂鬱，而是針對焦慮現象。

　　如果從另一比喻來說，是否會更有趣精準呢？例如失落創傷後的空洞感，表面上會是憂鬱，而實情則是內心的空洞，然後才會有技術的課題，也就是我們面對個案的失落後的空洞感，我們能做的是什麼？

　　除了佛洛伊德所說的，詮釋可能如同給與肚子餓的人菜單，如果我們想像治療師的詮釋，有時候就像是一篇美麗的詩文，那麼個案將會如何接下來這些美麗的詩文呢？他可能不想接它，或者接下來後就放在一旁，也忘了帶回家，或者帶回家覺得很重要，就把它以美麗的框架框起來，然後擺在牆壁上，個案把它當作是具有正向鼓勵用途的語句。

　　個案可能把這些美麗的語句貼滿了牆壁，總想在挫折

或失落時，就瀏覽一下牆上各式框架裡的詞句，但是大部分的時候當他回到家裡，面對著牆面上已經找不到空間，來張貼新拿到的語句，只好就擱置在牆角。那是他長期收集來的美麗語句，可能大都是來自我們的詮釋，他大都反應覺得很有收獲，但是空洞依然空洞，就算是塞滿了滿牆的語句。

這樣的比喻是有些殘酷，如何認識這殘酷才有機會進一步思索，到底除了一直給什麼來塞滿空洞外，我們還能做什麼呢？或者更殘酷的是，我們真的有可能讓人的心理空洞感得以被撫慰嗎？我無法說一定無可撫慰，但是想著做為精神分析取向專業職人，我們得做些什麼或說些什麼？這些比喻不是要讓我們走向虛無，而是尋找另一種想像自由的起點。

(71) 還不會說話前的狀態，人的記憶會是什麼樣貌呢？

　　再以另一個比喻來對照，我們在診療室裡所經驗的記憶，尤其是對於生命早年記憶的課題，這裡所說生命早年的記憶，是指在生下來後，就開始的人生記憶，當個案走進診療室裡開始想著，何以會出現某些症狀，他通常會有一套不同完整程度的故事，被當作是造成他的問題的起源，但這會帶來一個重要的疑惑。

　　人對於生命早年，尤其是還不會說話前的狀態，他的記憶會是什麼樣貌呢？有可能藉著回想探源，而真的找出當年所發生的「歷史事實」嗎？或就算可能，那麼它對於心理所造成的真實影響是什麼呢？那是什麼被記憶？或者更重要需要被問並且要多加觀察的是，會有什麼被添加進原來的故事裡呢？這些增添的故事是否因此就破壞了，人們對於生命早年的心理課題的探索？

　　回到佛洛伊德對於夢的探索經驗，他後來強調了解「夢工作」（dream work）的運作，比從「顯夢」推論出「隱夢」還要更重要。那麼這種說法對於我們要探索生

命的記憶會有什麼啟發嗎？是否我們對於生命早年記憶的探索，是和從顯夢要探索隱夢是類似的？都是不可能的任務？一來人的記憶不可能記得如此清楚，另外「歷史事實」的被記憶，也都會混雜著當時心理感受的真實，而這些「心理真實」會不斷地修補當初的「歷史事實」可能是什麼。這是臨床常見的情況，和從顯夢來想像隱夢，是有著類似的過程。

不過如同顯夢雖然是受著內在監督者的影響，會有防衛的運作，也就是會有佛洛伊德所說的「夢工作」的心理運作，是指「濃縮」和「取代」的夢工作。因此顯夢是自我的防衛所運作的成果，這是如同從目前的片斷記憶或症狀，要回溯當年的記憶時，也會有類似的自我防衛，例如分裂機制、否認機制、潛抑機制等，使得目前的記憶可能就只是當年記憶的片斷，而且是如顯夢般需要被分析才能了解它的某些意義。

臨床上更常見的，後來增添的內容反映著後來心理的工作，如同夢工作的運作是探索的焦點，而不是只以找出隱夢的內容，或生命早年的歷史事實。而且心理真實是隨著時間的演譯會有新的版本，也就是有新的語詞和體會，再重新整理原來的版本。但重要的是，就算記憶有這種情

當你看著美麗的菜單，會讓肚子餓成為美麗的事件嗎？

況，反而讓它有價值，而它的價值如同佛洛伊德對於夢的扭曲和防衛所呈現的，可以讓我們有機會發現人的心智有在工作的流程痕跡，如同夢工作所留下來的運作痕跡，讓我們發現人的心智運作的所在。

(72) 語言僅能象徵地說出生命眞義的小部分

　　爲什麼佛洛伊德說發現「夢工作」，例如「取代」和「濃縮」，是比找出隱夢更重要的工作呢？這涉及一來眞正的隱夢，在臨床現實上是不可能被眞正的找出來，而且沒有人有能力確定那是否就是做夢當初的最起初內容。雖然發明了「隱夢」這語詞，要來代表這個最初的內容，但是它卻不可能被再度還原，這是人的無奈也是現實。如果以聖經的解讀做爲例子，來說明在前述的現實上，何以精神分析取向的工作仍有它值得存在的理由。

　　聖經是有記憶的文字，照理它是接近歷史事實的存在，不過這種歷史事實仍有著後續者的不同解讀，並不是不變的，它一是需要他人的詮釋。例如神父做爲聖經的人世詮釋者，這也是詮釋學存在的最古老的工作之一。從歷史經驗可以知道，不同神父或不同世代者，都可能會有不同的詮釋方式，所涉及古老故事，後來者會有不同的感受，不同人會受不同的部分所影響或感動。這些都會影響著詮釋，或者由於想要述說的生命眞義，並不是語言可以

當你看著美麗的菜單，會讓肚子餓成爲美麗的事件嗎？

完全說出來，語言僅能象徵地說出生命眞義的小部分，而需要讀者的聯想，讓相同的語詞在後來有了更豐富的意義。

或當初書寫時語意的背景，隨著時間而改變了，使得撐起當時的語詞想要傳達的奧義，由於當初的語義背景並未呈現出來，後來就隨境變遷了，而增添了原本內容隨著後來解讀者，依著後來的情境脈絡，而有著多元意義的展現。這並不是以註明當初的語義脈絡是什麼，就能解決的課題，因爲那些未明言，未說出，未註明的語義背景，可能是無可說明的存在，但深刻影響著當年的說話者。

因此想像成人的記憶，就像是一本聖經在手上，我們說著這些記憶時，不再只是在說出記憶的內容，而是說明被挑選的內容並構成一串一串生命的詮釋，我們彷彿以自己是神父的立場，不斷地述說著生命經驗裡的驚奇和失落。雖然都是拿著相同的一本聖經，但是這種情況並不會損及，聖經自古以來的神聖性。

如果將生命早年的記憶，比喻成像一本聖經在某處，但是不同時候要對不同人述說時，可能呈現不同的說法，和需要強調的地方被重複的述說，就像是人們重複地回到聖經裡，要尋找眼前困局的「啟示」。我們說著以前的

故事，何嘗不是這樣，就像要從重複述說故事裡，找出啟
示來說明生命的困局，「尋找啟示」的說法是值得被注意
的，也是我們再回頭重新看待，精神分析和宗教的內在關
係時，這語詞的相關想像和做法是值得注意。

當你看著美麗的菜單，會讓肚子餓成爲美麗的事件嗎？

（73）再以憲法和增修，來對比談論人的記憶這件事

　　再以憲法和增修，來對比談論人的記憶這件事。如果以人的早年記憶像是一本憲法，就以台灣目前的憲法為例來說好了，這個比喻的前提是，假設生命早年的記憶，是有著如同憲法般的完整內容，雖然憲法是不是就是完整了人生的必需呢？這是另一個命題。

　　那麼生命早年的記憶，能夠運用到當前的人生嗎？它是如同憲法一樣，要被宣稱始終是最高的指導者嗎？顯然的這種說法是部分成立的，早年的記憶會以最高指導者的角度，影響著目前的生活，能夠指出這個現象是精神分析，也是對於人類文明的重要貢獻。雖然不少人仍可能強調，目前的意識是人生的主要掌控者，不過這在臨床上早就難以站得住腳了，不然難以說明何以有人的生活過得顛沛流離，但意識上卻不想如此，而且不全然是由於外在環境的因素所導致。

　　台灣目前的憲法是從對岸搬過來的，當初的設計不是從眼前腳下土地和人們來量身打造，因此隨著難民來到台

灣後，由於種種在地的現實原因，由於不願更動原本的憲法，擔心因此而失去了回到原來所在地的象徵，因此有了憲法增修條文來適合眼前的環境和生活。

用這些現象來對比談論早年記憶的某些特性，也許也具有潛在不願更改的特性，做為潛在堅持什麼是自己的模樣，生怕修改了後，自己就不再是自己了。但是現實上為了活下去需要修改，而以增修的方式來增補條文，這是如同我們對於早年記憶，為了適應眼前的生活，或者為了跟某客體述說而會出現的增添。這是臨床常見的日常，但是這些增修條文的作用，卻等於憲法的原本條文，雖然就政治來說，有人會希望是一部新的憲法，完全是依據這塊土地而呈現出來，一如人們會期待自己有個全新的自己。

這是理想，是在遠方，但是現實卻在眼前的此時此地，照理是沒有相互違背，但是也因仍有不少人的心是在遠方，因此對於眼前的任何修改都抱持著反對態度，也許這反映著的不只是台灣的政治和心理，而是我們的早年記憶在展現的方式裡，所呈現的事後不斷增添的事實。這幾乎是臨床個案對於自己記憶的呈現方式，也就是後來所談出的被當作是記憶的事，是在這種增修下的展現，不是最原始的版本，這也是我們目前生活在憲法下的實況。

當你看著美麗的菜單，會讓肚子餓成為美麗的事件嗎？

以其它國家的憲法來說，一部文字在那裡，但是大都需要有一組被認可的人，讓他們以人數的多少輸贏，再解讀後來發生的某些事件是否符合憲法？雖然看來是爲了當前的新事件，但是在說明是否合憲的過程，幾乎需要再重新解讀原本的憲法，而這些重新解讀就成爲對原來憲法增修的另一種方式，人們在談論記憶的故事時，其實是接近這種狀況的。

(74) 早點說出自己的故事，然後離痊癒就接近了？

是很容易聽到初學者會以「挖」個案的某些故事，做為描述自己和個案心理治療的過程，甚至常是以遺憾的心情表示，很可以在某次會談時，由於個案的抗拒，而無法深入挖出個案已話到嘴邊的故事。其實會帶來這種感覺的故事，可能常是個案早年的創傷故事，被父母如何對待的故事，何以治療者會輕易的相信，個案想說卻一直很難說出口的那個受傷的故事，就一定是個案問題的關鍵因素呢？

不過通常是在這種期待下，治療師才會覺得遺憾，沒有挖到那個重要故事，覺得因此錯過了一次機會，可以讓個案早點發現自己的問題，好像是預設著早點說出自己的故事，然後他離痊癒就接近了。

關於痊癒，當然不是這麼簡化的過程。不過這個來自催眠時代就存在的假設，只要能夠說出某個原始受傷的故事，就可以痊癒，佛洛伊德起初也是延續這個當時的想像，只是佛洛依德的說法改裝成，是讓潛意識裡失憶的內

當你看著美麗的菜單，會讓肚子餓成為美麗的事件嗎？

容，變成意識上的記憶，以這做為分析的方向。不過這個主張早在佛洛伊德時，就發現事情沒有這麼單純。因為會有阻抗，他因此再建構的另一組論述，自我、原我、超我的概念，想要進一步說明阻抗產生的內在緣由。

這是另一個故事。先回到前述的，想要以挖出個案受苦的故事，因而如同在戰場上派出單兵深入的困局，由於缺乏後續的補給，使得單兵深入某個所在後，變得孤立無援，只能等待著被消滅掉。這是臨床實作過程裡，如果抱持要挖出什麼核心故事時，常會面臨的困局，因為就算挖出了那個故事，只覺得充滿無力感，治療者和個案有相同的感覺，覺得那是無法解決的困局。

通常在個案說著早年的創傷故事時，並將他後來的人生困境，歸因於當年的創傷，父母的虐待他，使他至今無法有任何成就，一般常見這種說法，使得治療師容易誤入這種傾向裡，以為只要說出當年的故事細節，就會讓個案擺脫問題的糾纏。只是這是一個不全錯的主張，但是它不足以解決個案在事件後，至今所殘留的問題，因為原本的事件早就以各種樣貌，滲透在人生的多重層面，讓真正問題的解決，不是回憶當年的事件就解決了。

(75) 情結是隱身在如繁花雜草裡，撥開花草才能看見隱身的內容

　　通常會期待，如果知道自己的問題，起源是由於某種情結或某個特定癥結，這是一個簡化問題的方式。但也是一般人常有的期待，只是做為專業職人，如果也相信例如只要趕緊知道自己有什麼情結，就可以解決問題，那可能就失去了對於深度心理學的想像了，而且失去深度後，人和人間交流所產生的持久溫度也消失了，為什麼這麼說呢？

　　所謂情結，例如像是在眾多雜花在四周的一條河流，被假設是能量灌注和投資的所在，一般情結都被假設成，好像它是有明確界限的存在，如同一條有兩岸的河流，可以清楚看出它的模樣。這種想像也被投射來理解，例如伊底帕斯情結，就被假設是個清楚可見三角情結的模樣，不過這是在假設忽略它周遭大小事件的結果，是我們希望可以明確清楚的課題。在這種假設下，是容易變得忽略它的複雜性，雖然簡化的結果是容易了解，但是這常是種假相，而不是問題真正的樣貌。

當你看著美麗的菜單，會讓肚子餓成為美麗的事件嗎？

這種情況就像是以爲，當我們指出個案的某些問題是某種情結時，就以爲我們已經把河流拉起來放到桌面上，然後說這就是那條充滿情結能量的大河，但是這麼做時卻讓大河失去了兩岸風景花草的脈絡，把大河舉起來，在想像上可行，但是實作上卻是不可能的任務。雖然常常覺得說得很輕鬆，談得很清楚，明明就是這個情結，怎麼個案就是搞不清楚呢？或者個案說清楚看見了自己的情結，但是當他再細說卻發現，他看見的是其它角落。

　　這就是深度心理的奧妙所在，不是心理學故弄玄虛，而是人的心智總是繁雜，想要化繁爲簡是人性的一部分，但不是全部，而且這個部分常是以失語的方式，隱身在和他人糾纏的故事裡，表面上充滿愛恨善惡好壞，但是睜大眼睛看著它們的矛盾時，卻讓我們無法探索情結做爲概念，只是指出大概的內容，細節是隱身在如繁花雜草裡，要一路撥開花草才能看見一些隱身的內容。

(76) 如果把個案的阻抗，當作就像是兩軍的交戰

　　如果我們把個案的阻抗，當作就像是兩軍的交戰，就臨床經驗來說，當我們覺得個案有所阻抗時，就表示那個地方可能是受苦的所在，勢必是自我（ego）使用自己的能耐，在那裡布置重兵的地方。如果先從反面來說，改為站在那種受苦的這方來想像，何以它需要極力地遮掩自己，以免被感受到呢？何以這些受苦的部分，不會就暴露自己讓他人直接感受到，那裡有受苦的存在呢？或者我們假設，遮掩的不是這些受苦的經驗本身，而是同時另有其它的部分，卻被當作是受苦的內容覺察？

　　因此會有一些力量出現集結起來，要防堵這些受苦者，甚至不希望受苦者出聲，只是從臨床經驗來看，這些被圍堵而無法出聲的受苦者，並未完全消失，而圍堵者的存在，就構成了後來出現問題後的阻抗者，但如果假設人的失落受苦是必然的，何以有些人可以平靜地過一生，有些則會出現一些被叫做症狀的問題？

　　也許只能先暫時說，原本的防堵者已老化，無法如以

　當你看著美麗的菜單，會讓肚子餓成為美麗的事件嗎？

前那般緊密圍守，或者其實早就是有漏洞，只是注意力在其它地方的成就，而忽略了這些偶爾會跑出來的苦痛，或者是在前些日子仍有餘力來處理，將跑出來的受苦者以一般所說的昇華方式，轉型成某些創意和創作，但是當後來防堵者失守，而讓受苦者隨時出現？可見的是那些會來求助的個案，仍會動員力量再重新建構防堵者，仍想要把受苦者再圍堵起來。

這種情況除了讓自己可以少感受到受苦的感受外，還可能有著不讓治療者看見當年至今的實情，雖然希望治療師可以幫上他的忙，但是他的內部心理世界，還未完全一致的服從想要求助他人的動機，或者也可能動機是一致了，但是心理世界內部的各個部門，仍以早年的反應方式，來應對目前的困局，使得他就算來求助了，但是顯現出來的方式仍像要打一場戰，而且是一場永遠不能輸，或者就算輸了也不能服輸的戰役？

從移情的呈現如同交戰的局面，來談論自由飄浮的注意力

從移情的呈現如同交戰的局面，來談論「自由飄浮的注意力」。佛洛伊德當年說移情的展現如同在戰場般，從現在的經驗來說，這場戰爭的範圍是很大，可以從很克制者的隱隱消極抵抗或爭論，到如同全好或全壞的現象，所呈現出來直接赤裸裸的，語言上的攻擊和挑剔。這是顯示著，他們在生命早年創傷的強度不同，當事者的內在心理能力的不同，或重要客體的協助程度的不同，使得他們有不同的反應。

由於這些不同的反應，使得早年創傷失落受苦的個案，在移情上的現象也有不同，也就是會出現不同方式，不同強度的和治療師之間的戰爭。那麼在這種處境談論分析師或治療師的自由飄浮的注意力，是什麼意思呢？這個概念的目的是主張，有很多細節和未知的地方可能具有影響力，只是不被意識到或者被視而不見，變得好像不重要而未被個案所強調。

首先治療師會遭遇的難題是，既然移情是場戰爭，

 當你看著美麗的菜單，會讓肚子餓成為美麗的事件嗎？

那麼治療師如何面對這場戰爭？而且是來自還不知名的內容所引發的爭戰，因此自由飄浮的注意力，重點在於個案是常需要有來治療者的「注意力」，這是很重要的心理過程，雖然通常在談論自由飄浮的注意力時，是徵強調「自由飄浮」，不過從臨床來看，尤其是那些經歷早年失落創傷的個案來說，有重要客體的注意力，是心理能活起來的重要基礎。

雖然這得是個案覺得有被注意到，而不是被視而不見，個案常會不自覺地引導我們的注意力，放在他覺得在意的事情，只是臨床經驗也早就顯示，個案引領我們去注意的地方，卻因為種種防衛的緣故，而不見得是最需要處理的所在。甚至有可能避開原來重要問題的方式，不過這不是意識如此，因此不容易讓個案同意治療師的這個觀點，甚至如果太早直接如此說明，反而再引發其它移情的爭戰，至於屆時是否是可逆的爭戰，治療是否仍走得下去，就端看個案原本潛在破壞力有多強了。

 # (78) 想到什麼，就說什麼

　　坐火車時跟旁人描述車外不斷變化的風景，這是佛洛伊德對於自由聯想的比喻，這是說明精神分析取向實作過程裡，個案的自由聯想是什麼的說明，雖然就佛洛伊德起初的說明，是個案在會談過程就說腦海裡的任何想法，不要自做任何判斷是否要說。這個比喻是坐在火車旅行的兩個人，坐在窗邊的旅人看著窗外，對著坐在走道位置的旅人，描述他隨著火車移動時所看見的窗外景色，這個比喻看似合理清楚。

　　但是只要坐過火車的人很容易就知道，除非是很慢速的火車，不然幾乎很難描述一個景色，或者只能很空泛的字眼，說著窗外的大景點的名稱。那麼說出來的結果大概會像是一堆字的沙拉那般了，因此先回到古典文案裡來了解，這個比喻曾經被如何形容。佛洛伊德在1893年和布洛伊爾合作書寫的《歇斯底里的研究》裡，曾樂觀地說成功地將引起後來事件的早年記憶，完全揭露而暴露在亮光下，並喚醒和這些記憶相關的情感。

　　接下來當個案能夠詳細描述他當下想到的事，並且讓

當你看著美麗的菜單，會讓肚子餓成為美麗的事件嗎？

他的情緒也找到了語言來表達後，歇斯底里症狀就會隨著而消散，並且不再出現。這種期待顯然是不符實情，因為實情是就算症狀消散了，也會再出現。不過至少大家先知道，佛洛伊德是曾如此期待過，後來1913年，他在談論精神分析技術的文章《治療的開始》裡，表示個案在述說自己的故事時，會同時有不同的想法一一浮現。

但那些可能都是說話者想要排除的想法，會有個自然的過濾網做批判者的角色，來濾掉那些想法。例如，想著這個想法和那件事並不相干，或者認定這個想法並不重要，或這想法太荒唐了吧不要去說它，而佛洛伊德強調不要對這些評斷做出讓步，不論理由是什麼，或者那是多麼厭惡的想法，都還是把它說出來。他再補充這個指令般的說法就是，想到什麼，就說什麼。

不過這個說法和坐在火車靠窗位置，說著窗外所見的風景，兩者之間在實作上會帶來什麼差異嗎？我想會依著不同人的解讀和想像的不同，而有不同的做法，儘管大方向如此，但是在細節上勢必會有很不同的傾向，這是一個值得未來田野了解，精神分析取向專業職人實作情況的課題。

(79) 中立的態度時，「我」在那個位置上？

　　有些治療師喜歡強調「中立的態度」，有些則喜歡以「分析的態度」，來說明自己的專業態度。本文先來談談中立的態度。安娜佛洛伊德曾表示，有種中立的態度是與自我、原我和超我，三者處於某種等距的位置。不過這也會遭遇難題，原我、超我、自我，三者都不是直接可以觸及的，而是有著各種不同的代理者在發聲，而這些代理者常是以被防衛過的模式來呈現。

　　因此幾乎不太可能很快辨識出來，外顯的問題和現象裡是何者的我，或者它們出現的時候，更像是三者早就有暗暗協調過後所呈現出來的綜合現象，因此某個現象裡就同時隱含著這三個角色了，我們做為治療者要如何在意識上，採取和三者維持著等距的角色呢？不過無論如何，「中立」這個字詞仍是相當普遍的說法，我倒是從反面來嘗試說明，我們是可以看得見不少虛假的中立的說法。

　　因為我們只要觀察就知對方是有某種立場，畢竟不可能沒有立場，但是在這種情況下，在診療室裡為了讓個

　當你看著美麗的菜單，會讓肚子餓成為美麗的事件嗎？

案可以有更大的自由，能夠表達自己的想法，這是一種假設，但是在診療室外，所謂中立的態度是為了什麼呢？如果是為了討論事情，除非自己是領導者需要聽更多人的意見，因而不急於先表達自己的立場，或者可能另有其它的目的，不想暴露自己的立場，而宣稱自己的中立，在這種情況下，中立的說法變成了某種防衛。

這種情況是否也可能發生在診療室裡，我甚至相信這是必然的，如前說的，任何人都有他對某些事的立場，因此診療室裡假設治療師要中立，才能讓個案有最大的自由，這是個重要的假設，但是在實情上，中立是不可能的任務，甚至也可以說是一種假裝的，就像兒童在玩遊戲時，是需要某種假裝，就會是真的那般玩了起來，只是這種假裝和前述在診療室外，為了其它目的刻意假裝中立，兩者之間無法說是相同的，雖然兩種現象之間也有它的某些共同處。

(80) 什麼是如「外科醫師」般的態度呢？

　　做為分析師態度的某些比喻，如外科醫師的手術嗎？這是佛洛伊德曾說過的比喻，如果把做為分析師的態度稱呼為「分析的態度」，何以需要這樣呢？這是假設個案的內在心理世界是複雜的，不過複雜性並非是需要以「外科醫師」來做比喻的緣由，外科醫師是需要冷酷地下刀，冷靜地執行著醫學知識的經驗，也就是在開刀的過程裡，可以不受個人對於被手術者的情感因素而難以下刀，或者影響了需要隔離情感，以便能夠精準下刀處理的過程。

　　這個比喻也可能被當成，分析師是需要外科醫師這般，不需要情感和情緒，只是這是實情嗎？首先外科醫師能夠精準執行手術，真的是情感隔離嗎？或者只是節制情感的課題，但是可能在刻板印象下，覺得精神分析需要的是冷酷如外科醫師，而且相信精神分析有著如同外科醫師的知識，不過那是指冷酷或是冷靜呢？或者還有更多的語詞來描述所謂外科醫師的特性呢？

　　精神分析的後設心理學，在人性浩瀚大海裡，仍難

當你看著美麗的菜單，會讓肚子餓成為美麗的事件嗎？

以擬和外科對於它下手器官的知識，因此對於以外科醫師比喻，治療師在診療室裡執行工作，可能是有不少差距值得思考比較。不過佛洛伊德想以外科醫師，來比喻精神分析師的狀態，仍然是有它的重要意義，至少是他意圖反映出，做為精神分析師需要的某一面特質。

例如，治療師做的詮釋，不再只被當作是給與個案洞見，以為是一個中性的人性答案，而是這些詮釋本身，就是如外科醫師下刀手術般，這個比喻倒是很貼切地反應著診療室裡的情況，提醒治療師可能一言興邦，但也不能忽略一語也可能喪邦。

(81) 處理分裂的二分法是整合嗎？

處理分裂的二分法是整合嗎？或者是拉開場面，先減少相互攻擊，所帶來難以進行的整合？在理論上，好壞善惡等二分的情感，常被說成要整合它們，但是好壞的整合是指什麼？善惡的整合是指什麼呢？是指好壞能夠聚在一起，善惡也能聚在一起？

但是憑什麼原本兩極化，相互衝突的兩種極端的情感，會能夠聚在一起，而不會衝突呢？是讓好和善變強大，而壞和惡相對地變小了，然後就能整合？如果是這樣，倒不如更精確地說，是增加好善，弱化壞惡，而不是說整合？不過就一般會因矛盾而來求助的個案，更常見的臨床現象是，好壞或善惡兩端都存在且是類似強度，而這種勢均力敵才會構矛盾衝突的感受。

何況被當作壞惡的部分，在心理上也像是有了自主性，有著替自己的命運奮力而戰的現象，使得一般假想的讓惡和壞可能減量的情況，並不如預期的容易。因此對於好壞或善惡的整合，如果我們仍堅持要使用這個語詞時，「整合」也許更貼近的做法是，擴大兩端之間的場域，讓

當你看著美麗的菜單，會讓肚子餓成為美麗的事件嗎？

兩端仍保有自己的自主性，但是由於中間地帶擴大了，就算兩極端之間想要有爭戰，但是由於距離遙遠，也無法發生兩端之間的爭戰，不致產生重大破壞。只是這種方式是叫做，擴大敵對雙方的距離。

(82) 在自己的風景裡迷路了

　　如果一位外國人在台灣向我們問路，我們大概聽得出他是在問要去那裡，儘管那個地名夾在那些聽不懂的語言裡，仍是很模糊，不過聲音經過我的過濾，和某些部分加以校正後，那個地名的聲音，在我們的耳朵裡明確了起來。然後我們以對方聽不懂的話，告訴外國人，可以走過三條街的地方，那裡左邊有個我們都知的名店，但是他可能不知道，然後右轉再走四條街，那裡的街道很小請他要小心辨識某個標識，那是有名的運動鞋的牌子。這時候，原本聽不懂的外國人，突然眼睛一亮，好像聽懂了什麼，原來那名牌運動鞋是他熟知的，因為他腳下就是穿著那名牌的鞋子，然後我們很高興他好像聽到我們說的指導了。我們就繼續說著，看見那個名牌運動鞋店後，要記得再回頭看對面的巷子，再沿著那條巷子走大約十分鐘，就會看到他要去的地方。

　　這個描述其實有些像我們在治療過程所發生的事。個案說著他的故事，我們說著詮釋，或其它的，有時會覺得好像在溝通或引路，雖然精神分析取向者對於引路的說

法可能不太同意。不過這其實仍很有可能是精神分析的一部分，但是我們意圖要的，和個案認真工作時，其實處境像這個問路者和回應者之間的狀態，這並不是很誇張的說法。

畢竟每個人在說自己的故事時，都有些像是個外國人在走過心中的風景，而且是在自己的風景裡迷路了。這種迷路也是個案會來找我們的原因，雖然他可能說著我們相同的語言，但是當他用自己的話，在描述生命以來走過的風景時，是有些像個外國人到了一個陌生地方，雖然這種陌生不會是全然的陌生，但是總有著這種現象存在著。也因為這樣子，讓我們的治療過程引人入勝，但也可能像是兩個不同語言的人，在溝通路要往那裡走的過程，有時目的地的清楚，可能只是心中經過改裝加強過的聲音呢。

(83) 燈來了，光明就來了嗎？或者變成防衛技巧更厲害的黑呢？

　　是燈來了，光明就來了嗎？或者變成防衛技巧更厲害的黑呢？這個命題是想要探討一個常見的說法，一般都將洞識，或在分析治療的過程裡所詮釋的內容，當作就像是提供了一道光，知識的光，讓個案可以看見他原本不想看見，或者無法看見的故事，然後期待見光後，原本搞怪的東西就死了。

　　或者可以看見在暗室裡的所有東西了，這種主張在外在環境裡也許有它的道理，不過如果把這種期待，拿來和診療室裡的經驗相對比，則實情不必然如此。這讓原本以為的洞識，可能不是洞識，不夠亮，無法看見全部的實情，或者也可能像被鏡子反射的陽光般，讓可以看見的都被看見了。

　　只是臨床上常見的是，就算如此個案的反應，仍可能視而不見，或者更困難被看見，但是個案不久後再度出現類似問題或症狀，何以如此呢？如何說明這種情況呢？原本被當作是暗黑的問題依然繼續存在，而且以更隱微更不

當你看著美麗的菜單，會讓肚子餓成為美麗的事件嗎？

易被自己或他人察覺的方式存在著。

　　因此是否我們嘗試認識的，那些被歸類為暗黑的內容，在有了洞識如光般的出現後，這些暗黑就進化為更暗黑，變成另一種在光線存在下，仍以暗黑方式存在的問題或症狀，這使得一般我們常期待，引進光，黑就不見了，問題就解決了，症狀就消失了的期待落空。

（84）有種燈，它是以黑作為發亮的方式

　　潛意識一定是暗嗎？或者是不論白天晚上，都有我們以為黑而點燈的奇怪景象，通常點燈的定義是指以光明來點亮的燈，具有照亮而被看見的意見，那麼當我們說潛意識具有重要性，甚至決定性的力量，那麼是否有另一種比喻，來說明這種現象呢？是否這就像是有種燈，它是以黑做為發亮的方式，只要它所照的地方就變成暗黑了。

　　在這種比喻下，是指出暗黑不是只是光明的犧牲者，只要光明來了，暗黑就被動地撤離了。這是以暗黑是被動式的存在，但是如果暗黑本身就是燈，只是它點出來的是暗，不是亮，這種暗變成是某種主動的燈照所產生的現象。

　　這種比喻是比較接近精神分析對於潛意識的主張，它並不是被動的存在，而是以主動的方式影響著人，只是在意識自覺之外，使得一般覺得潛意識只是被拋棄的過去的片斷累積，只是被動的存在，雖然在實情上這些材料是持續主動地，以另一面的方式影響著人，或者另一種想像

　當你看著美麗的菜單，會讓肚子餓成為美麗的事件嗎？

是，暗黑的另一面並不是光明，而是不暗黑。

　　至於光明的另一面，也不是暗黑，而是不光明。也就是光明和暗黑是兩個平行世界，這樣的想像是要回到臨床實作，來想像治療的策略和方向。因為如果將光明和黑暗對立，就會有引進光明，例如洞見，那麼黑暗就會消失了的做法，只是臨床實情不會如此單純。因為聽到個案說，我都知道了，但就是改變不了，怎麼辦？這是常見的臨床經驗，需要再想像其它的，而不是簡化式的，以光來消滅暗的物理世界的定律，心理世界裡，這個定律不是必然可見的現象。

（85）在心理治療的過程裡，防火帶的建構是指什麼呢？

中間地帶，如防火巷的建立，比個別撲火還重要。這是指在面對一些個案，他們的生活和工作上可說是四處烽火，任何他接觸的人，家人、同學、同事，都是有很多的衝突。但是他堅持自己只是回應別人而已，都是別人先挑釁他，不把他在眼裡，因此他一定要有所動作，來讓其他人不能再對他視而不見，不能不把他看在眼裡。

那麼我們在處理的過程，要依循著什麼原則來處理這種四處烽火的情況？如果我們將治療的焦點，放在一個一個仔細處理，就像在森林裡有著多處的火點正在起燃著，除非真能一個一個很快滅火，不然就會引起更大的災難。如同個案的四處烽火，雖已是他生活的多年常態，但是這種挫折和怨氣會一一轉嫁到治療師身上，在這種情況下如果一個一個處理，根本無法有效的立即處理下來，反而更增加無力感，增加了個案有力的抨擊。

因此是否我們需要如同森林救火員那般，在評估情況無法有效的阻止四處零星的小火，只好趕緊在某個地方開

當你看著美麗的菜單，會讓肚子餓成為美麗的事件嗎？

始砍伐樹木，做為一條防火帶，才有可能讓火災的損失降至最小。雖然這是很難的判斷，要在多遠的地方做成防火帶，也就是意味著會先有一個倫理的判斷，要讓無法處理的部分只能任由它發生，只要不致於發生重大的毀滅。

那麼在心理治療的過程裡，這條防火帶的建構是指什麼呢？是要預測個案的可能走向和範圍，然後事先從遠處的地方開始布局，雖然有可能在那個地帶的存在物，會覺得為什麼要讓它們在防火帶上有所損失呢？

（86）是否真正焦點反而在兩端矛盾的中間地帶？

　　是否當我們將焦點當作是「情結」後，意味著情結的周遭就不再是那麼重要了，只被當作是背景脈絡，但是否那正是那些「部分客體」流浪或遊蕩的所在？或者當情結被做為症狀的部分或核心，但它是某種防衛，是心理建構了一道城牆，一道帶狀的保護線或區域？也就是情結的浮現，是在隔離或緩衝原始的情緒或情感反應，因這些大都是以二分極端的方式對立存在著。

　　也就是情結像是在周遭貧瘠的地上，集結的小鎮所有的生機，都在那裡交會和交換光明或黑暗的匯集？

　　所謂緩衝區的出現或建構，並非只是將對立兩方隔離而已，我們做為治療者或分析師來說，是要把焦點放在加強好的一方，或馴化壞的一方，或者好壞都會依著它的存在方式各自發展，我們是無法或不必然要做任何介入？而只是把重點放在中間的緩衝區，讓它不再只是一個貧瘠空曠的地帶，著重研究它，發展它，讓它成為繁華且具有創造力的地帶？是否這樣的過程，就會自然地讓兩端之間的

　當你看著美麗的菜單，會讓肚子餓成為美麗的事件嗎？

衝突更不易發生，而這才是我們想像的，好壞或一個人的整合呢？

這些想法不全然是我自己想的，其中有著比昂的container-container的概念，也有著溫尼科特的「過渡空間」的概念，以及Hanna Segal對於創造力和美學的想像，雖然我不是直接就在克萊因的「憂鬱形勢」（depressive position）的概念出發，也許這是我們在面對以「矛盾」做為主要述說的問題時，如何想像這些矛盾裡潛在的分裂機制，以及是否真正焦點反而在兩端矛盾的中間地帶，而不必然是在兩端的矛盾上打轉呢？

# (87) 對兵士詮釋國王的問題，兵士能帶回這些訊息給國王嗎？

再來重談一個涉及本能和詮釋的課題。依著目前我了解的精神分析，主張潛意識、本能等是類似很本質的存在，我們可以「意會」到有它們的存在，但是這個意會並非意味著理性可以直接觸及它，五官也無法觸及它們，而我們取個名字，只是提醒我們有那種存在，隨時在影響著我們。

不過我好奇的是，臨床上如果我們對於某些個案的目前，例如他把早年的某些經驗放在我們身上，讓我們覺得被他誤解了，因為他不只是誤解了我們，甚至他還強烈的認為我們是在剝削他，讓他無法順利去工作，因為我們不願依照他的新工作時間，而更動治療的時段，好像是說著如果他無法得到這個新工作，那是我們的緣故。雖然他幾乎無視於先前有過兩次的更動，但是很快的，上班第一天的試用期就跟上司爭吵而被停止工作，因為他不滿有什麼試用期，他堅持開始工作了，就是正式的工作了。

由於這種情況重複出現，這會讓我們推論他的問題，

當你看著美麗的菜單，會讓肚子餓成為美麗的事件嗎？

是來自於生命很早年的經驗，他被家人虐待的事件，他也是重複述說這些事件，反而讓我們覺得他目前的問題，不再只是他有這些痛苦的經驗，還有個人很深層的心理作用力滲在一起，或者當年的經驗是他的內在心理世界裡本能的部分，只是被那些經驗所驅動而引發後來的問題？

　　因爲很難說他有這些經驗，所以就會有目前的行爲，因爲也有別人有類似經驗，卻有著不同的表現方式。也就是也有他個人的特有方式加進其中，甚至成爲主宰的力量，如果我們把這些歸類於深層的本能，例如破壞本能或死亡本能，在立論上是有著精神分析文獻來支持，不過我想像一下，我們要如何和這些本能，在潛意識裡相互溝通呢？

　　我們的語言在理論上，是無法抵達那裡的，由臨床經驗我們認識到，這些本能如同在深不可見或遠得無法觸及的國王，國王爲了保護自己，會源源不絕地派出他的兵士來和世界打交道。當他來找我們，我們就成爲他要打交道或打戰的對象了，但是我們交手作戰的對象，僅是國王派遣出來的兵士，或者也有溝通訊息的使者參雜其中？讓我們處於好像面對著爭戰，但同時有著要傳達某些訊息的狀態。

那麼我們能夠對著這些兵士說，要他們先放下武器好好談，並且告訴他們，問題不是他們，他們只是代理者，真正有問題的是國王，它是真正的破壞者，是死神的化身，或者是死神本人？我們希望這些兵士放下武器，並且幫我們回去傳達這些訊息給國王，期待國王可以善意的回應，不要再四處兵戎相見了。我還在想，這種做法如同我們在診療室裡，對於個案的表面問題，詮釋它有深遠的發動者，直接作用在他和我們之間？

　　首先做為被派遣的兵士，能夠聽懂我們的話嗎？和他們說話是否需要特殊語言？畢竟做為兵士者，是否有他們之間的溝通方言？另外這些兵士有能力清楚傳達，我們想要溝通的訊息給國王嗎？當然啊，還有最困難的，這些兵士敢在沒有下令撤回前，就擅自回國嗎？回國後敢對國王說真話嗎？說國王才是所有爭戰的起源，國王的本能是破壞者？如果可以走到這地步，兵士的命運會如何呢？

　　當你看著美麗的菜單，會讓肚子餓成為美麗的事件嗎？

（88）「情結」周圍的繁花雜草只是陪襯嗎？

　　關於情結，是否也是一種錯覺和謊言？因為實質是繁花雜草，如同天空的星星，有些被指定編派為人馬座，這是虛構卻很真實，也影響實質的生活，例如有轎車以星座命名。我假設情結可能是一種錯覺或謊言的緣由，是從「投射認同」的角度，來想像人在失落挫折後，總是從心裡破碎出發，才有好份子或壞份子被投射出去的命題，當這些被投射出去的份子（部分客體），以它們自己的方式聚集在一起時，可能會出現某些重複的行為或症狀，這些重複讓我們說有某種「情結」的基礎。

　　但是任何的重複，只看見重複時都是意味著有其它被忽略的份子，只是由於我們也有著期待，可以看清楚繁複的存在裡，是否有著我們可以看見後，以後可以做為標示的地方，因而有著一條路的出現，而這條路是我們認識那領域的開始。因此如果有情結，就是像這種繁複裡的路，但是路只是路，不是當地所有繁複的景緻。因此如果把情結當作是當地的繁複景緻時，就是我主張的「錯覺」

（illusion）。這個想法是在思索，當我們就只是重複看著情結，就表示我們了解對方嗎？

如果是這樣的情景，那麼所謂詮釋的準確與否是指什麼？就值得再進一步思索，我相信我們是不會刻意在詮釋時，說著我們不認同的想法，只是我們認同的想法是指我們在描繪複雜心理處境裡的道路，或是在道路上看向兩旁的景色呢？這只是在詮釋的工作裡有著我們的想像，不過我很同意不全然是詮釋的對或錯，而是想要去理解的態度，是值得加進精神分析裡。我相信如果這種理解，是過早地基於某種情結的主張，就會讓這種想要去理解的態度被打了折扣。

當你看著美麗的菜單，會讓肚子餓成爲美麗的事件嗎？

(89) 如何介紹自己給自己認識？

　　在台灣的發展相當多元，保有各自不同，不讓不同
（difference）變成困難（difficulty），就會讓理論的
差異存在，變成豐富的資產。不過這仍是需要有意識地開
展對話，雖然什麼是對話，也是一個值得開發的命題。精
神分析取向者仍值得努力地，保有心理學是複雜的想法和
做法，不然讓深度心理學也扁平化成，簡單的線性因果關
係，由A就可以得到B，就如同將夢的內容有了定型化的標
準說法，而不是複雜多元的，那就是精神分析取向的失職
了。

　　也許這種情況就像是人在空洞裡，過著原始人的生
活，會在壁上做畫寫詩，如同我們和個案的工作。我們同
儕間的對話和文字，就是洞穴壁上的文字或圖像，雖然我
們是假設，此刻正在做畫或寫字會有著此刻的了解，但是
情況可能更像是，大家都不全然完全了解自己此刻所畫所
說所想的，如同比昂所說的是醒著的夢（waking dream
thought）。

　　我們需要再重新來想像，那些壁畫和文字的可能意

義，那麼我們對於此刻的論點和爭議，會有不同的感受和想像，也就是把「事後」（Nachträglichkeit, deferred action, retroaction, après-coup, afterwardsness）的意義更極致的運用。我們只能在說了寫了之後，再以後來的感受和想像，來看待和解讀先前的想法和文字。

例如，個案的強烈阻抗，看來是個difficulty，但是回頭來看，是否只是一種difference，他以不同的方法在表達自己？除了要讓我們認識他外，也有著他可能同時在納悶著，他要如何介紹自己給自己認識？畢竟破碎經驗下的人生，做自己和明天會更好，可能都是謊言和錯覺，是為了避開崩潰的恐懼，而強調做自己，也就是他仍在難以整合自己的困局裡，他有著很多不同的自己。這些自己要被宣稱是自己，是需要他不斷地堅持，讓那些difference牽連在某種他自己也不知的線索，來把這些自己牽連起來，不過事情不會如此簡單，因而他的堅持總是製造其它問題。

　當你看著美麗的菜單，會讓肚子餓成為美麗的事件嗎？

 （90）如同穿別人的鞋子，是什麼意思呢？

　　我們要注意沒有說出來的，但是學習技術大都集中在如何說詮釋，那麼詮釋之外，其它無言的時候，我們做什麼，想什麼呢？在先前的基礎上，這是否是更重要的觀察場域呢？也許會說是在觀察或在忍耐著不多說話，或者忍耐著不被個案的挑釁而露出過多的情緒，或者我們覺得那是在意圖同理和同感個案，這是指什麼呢？或者是治療師在同理同感自己的狀況呢？畢竟目前的觀點是主張，移情和反移情是相互連動的，雖然這還涉及反移情和移情的定義，至於關於同理或同感是什麼？

　　同理、同感或神入是什麼呢？如同穿別人的鞋子，是什麼意思呢？別人的鞋子為什麼要借你穿，然後來體驗問題的困難是什麼呢？這是更難的課題。

　　這個比喻有個前提，卻被當作是理所當然的假設，可以嘗試穿對方的鞋子，來體會並能夠產生有同理的感受。但是如何從對的故事裡，找出鞋子在那裡嗎？也許我是刻意把它具體化成真正的鞋子，總要對方願意把鞋子空出

來，但是個案來找我們時，就真的表示他願意把鞋子空出來讓我們試穿嗎？何況穿進去需要走多遠的路，才能真正的體會呢？

　　你也許以爲我太挑剔了，何必問這種奇怪的問題？但是這些可能都是實情吧，缺的是如何把我的疑問，再轉換成心理學的東西，那麼是什麼構成鞋子的心理模樣呢？

當你看著美麗的菜單，會讓肚子餓成爲美麗的事件嗎？

（91）倒三角形般往下探索的困局

　　倒三角形般往下探索的困局。這個比喻是要用來說明，臨床實作過程的某種常見的方式，當個案說著他們當年受創傷的故事，並暗暗主張或者直接表明，他們此刻的問題都是來自那些創傷時，這樣的談論問題和歸因的方式，由於很明確，因此很容易在初期覺得完全缺乏方向感時，我們會覺得個案提供了我們方向，也增加了我們做為治療者的安全感，因此常傾向直接追著個案陳述的故事，以及個案早就有的歸究因素，也就是幾乎是沿著個案所舖陳的路，去探索個案的人生故事。

　　如果採取這個方式，可能造成的是，故事愈深愈集中在個案主要抱怨的事情上，但是那些被個案忽略或遺忘，但可能相當創傷的經驗，卻難以觸及它們，因而愈談的結果可能讓個案的主要故事，愈失去了它周遭脈絡裡的其它訊息。好像這條線索的故事更像是一個孤立，而且是無援的人生經驗，也就是成了一個從地面來看，往下挖是倒三角形往下了解故事的模式，在最底下的狹窄點上，更顯得缺乏餘地來轉身，讓那種從小孤立無援的感覺，直接地呈

現在這樣說故事的方式裡。

　　如果我們也是依照這種了解方式，讓我們和個案一起處於，原本就一直存在的孤立無援的處境，這是常見的處境，讓治療師變得和個案同樣地處於困局裡，如同一起被困在倒三角形尖端狹窄處境裡難以轉身。

　　這使得治療過程到了後來，容易有這種抱怨，「我知道那麼多了，怎麼還是沒有用」，還是無助感和無力感，覺得「談這麼多了，問題都沒有變」。雖然這種無用感是在開始談之前，通常就不自覺存在內心處境，但是以這種說故事的方式，而忽略了這種探索的方式，就是原來問題重複的一部分，再將自己帶進困局裡。那麼涉及的是，如何在開始的時候，就不是以在某特定問題上，一直追溯的方式進行，而是如何能夠「自由飄浮的注意力」般，讓主題一開始就是拉開話題。

　當你看著美麗的菜單，會讓肚子餓成爲美麗的事件嗎？

（92）我們是如佛洛伊德說的，做著猜測的工作

　　臨床實情是未知和不確定的。當我們想著理論和以前的經驗時，我們只是潛到水下，假設我們知道了，也看見了一些景象並加以描述，有時會以為那是一種了解。這是我們對於潛意識想像的一種模式，但是這比喻仍有個重要的缺憾，那就是我們潛下水所見的世界是具體的，而我們宣稱要了解的潛意識世界，卻只能透過五官之外的意向或想像，來建構出它的存在。

　　至今「潛意識」這語詞大致已成我們的日常用語了，平時的觀察對於有著言外之意，是大部分人可以接受的說法了，但是在特定事項上，直接指出有著言外之意，仍可能被誤解為，我們是在說他們不成熟，不坦白，或者覺得我們在責怪他不誠實。不過這也可能問題是出在我們，我們可能對精神分析建構出來的潛意識內容，給與太多的自信，而這些過多的自信是溢過潛意識的實情。

　　因為我們是如佛洛伊德說的，做著猜測的工作，他說他的後設理論是猜測，因此從另一個角度來說，個案或人

心或潛意識，是如同Sphinx這神話裡的人面獅身怪獸，它才是真正的出謎題者。但是我們真的能夠如伊底帕斯，是猜對「人」的答案的謎題嗎？畢竟不是很細緻的謎題。

在臨床所面臨的是，不只是猜測是否為人的命題，而是更複雜的人心，潛意識的複雜世界，或者說是未知和不確定的複雜世界。也許我們能夠找到更多謎題是更重要的事，而不是只針對某個謎題，有了答案，就以為回答了人性深層的心理課題了。

當我們試著以談話方式，在象徵層次上思索時，是看見了一些潛在世界裡的東西，如同在海底中所見是另一種視野，但是只要我們再浮上來，聽著個案所說的故事，這是臨床工作的基礎，其實是回到內在世界的未知和不確定的狀態。

因為成員所說的那些故事，永遠只是潛在心理世界的代言人或代理人而已，代言人幾乎不可能以如實描繪內心世界的方式，說著他們的故事，或者他說會如實說，但那個實是「心理真實」的一部分，是需要被分析才會了解的內容，不是說出來的那個樣貌。這是我們的浮浮沉沉所見的樣子，也許可以讓我們謹慎，不是讓猜測就等同於海底看見了真正的人心，其實這主張是需要有所保留的。

當你看著美麗的菜單，會讓肚子餓成為美麗的事件嗎？

（93）心碎般內心裡四散的自己，如碎片般在不同地方發展

　　我想以因飢荒而移民它處的親人們，在分移不同地方後，以各自發展的過程來比對和想像，因早年創傷失落後，如心碎般內心裡四散的自己，如碎片般在不同地方發展，從此有了不同的人和人的關係。每個人的關係都是一個新生的地帶，也難免有著以前殘餘卻不自覺的痕跡，但也有在地的特色（一如精神分析在不同地方的發展），當他在診療室裡的故事和移情，和早年經驗（失落）的關係是什麼？我主張是可以從移民之間，以及移民和原鄉的關係，來想像創傷失落後的人生複雜動態。

　　診療室裡談論以前的經驗，常被當作是了解目前問題的原因，理論是如此，只是這是什麼樣的原因呢？是因果關係嗎？是什麼樣的因果關係呢？我試著提出一個想像模式，來說明以前的經驗和目前現實之間的關係。

　　如前述，若把以前的經驗，尤其是創傷的經驗，比喻成當年某個村落的居民，因為飢荒死亡而移民四散至不同地方，經過幾代後，不同地方的移民會有不同的記憶，有

些可能早就遺忘當年的移民史，他們之間由於落地生根，可能仍會帶有某些不自覺的儀式或習慣，是來自當年祖先移民所留下來。但是四散的移民之間，可能早就相互不認識，或者就算有歷史知識，但是由於發展過程加進了在地不同的因子，使得當年的飢荒記憶，以不同方式不同程度地相傳。

我們在診療室裡，聽個案在談論以前，以及他目前在不同生活層面和不同人之間所產生的問題，就像四散的移民在不同地方的發展，有相似處但也隨地緣的人事物而有了不同。雖然我們常想要讓個案知道，不同故事之間的相同處，但是重點是要知道，相同處或者強調不同處的豐富樣貌，那一種取向是對個案最好的方案呢？以詮釋來說，它是要共通處。

當以「建構」（construcion）為主要技術時，是會有不同多樣的建構，如果說這些之間有關係，我覺得比較像是前述移民四散的關係，他們之間，以及他們各自和原先的故事之間，有著複雜的關係，而且是會隨著後來在地發展，而相對的有不同的關係和想像。

當你看著美麗的菜單，會讓肚子餓成為美麗的事件嗎？

（94）在兩端點之間，而不是兩端上，找到出路

　　最流行的語言，如負向想法，沒信心等，都是死的語言了，只是張貼標籤在公共的布告欄，讓人隨手摘取那答案，來貼在自己身上。臨床上是常聽到，個案很快地以一些日常流行用語來定位自己的問題，例如自己有負面想法，或者覺得自己的問題是因為缺乏自信，自己很自卑等語詞，這種情況像是自己給了自己診斷，但是就算有了診斷後，問題依然不變而覺得無奈，也就像是在公布欄上，公布自己的罪行那般。

　　只是也常被當事者簡化成，自己已經知道問題的癥結了，但是沒有用，意味著沒有其它出路了，而沉陷在打轉裡。這些情況常出現在那些已經很流行的用語裡，例如正向想法或要放下，不過這些被簡化的用語，並不是它是錯誤的概念，而是在於它的簡化問題，起初是藉由簡化問題的歸因，而容易有相對的解決問題的方案，畢竟在過於繁雜而陷在困境時，這些簡化的想像，的確是有著撫慰的功能，但也總有它的侷限。

這些流行用語的解決方法，常是以相反的另一端做為解決方案，例如，負向想法就以正向想法來取代，有恨就以有愛來取代，本質這些是屬於催眠式的暗示和取代，雖然乍聽有了解決方案，而帶來一時的緩和作用，但這種兩端點式的方案，是屬於很原始的分裂機制（splitting）作用的結果，雖然出現這種二分法式的解決方案時，常就表示由於問題是很原始的，不是採取某一端的答案，就可以解決問題的意思。

　　外顯上好像只要在兩端點之一做了選擇，就是解決問題的方式，但這是分裂機制作用後的特色，容易看見問題，因為問題的重複性很高，也容易被想到另一端的答案做解決方式，但實情上卻是有限的功能，因為這些常是生命很早年的創傷所帶來的臨床現象，是需要再深入探索一些細節，才能在兩端點之間找到出路。

(95) 如何讓一百個因子可以相互等待，而共同走出一小步？

　　精神分析式的詮釋是射向潛意識的箭嗎？假設治療師依據個案的故事和想法，而覺得這些故事和想法的背後，有一個相關的內容，做為這些故事和想法的潛在動機。當我們把這些潛在動機變成話語，對著個案說出來，我們說那是我們進行著詮釋，把話語說出來後，我們多多少少會期待是射向個案所說的，那些故事和想法的背後。

　　不過在臨床實情上，我是覺得比這還要複雜些，畢竟個案是說了不少故事和想法，而我們只是依著挑選出來的幾個場景，來建構出我們的詮釋，因此我們的詮釋更像是對著虛空射出箭，我們雖然預設有它的方向，但不會只是射向意識可覺知和看見的靶心呢，我們不能放棄我們是有著期待，是指向潛在的不可知的領域，而我們期待那裡有回聲？

　　另外一項常被提及的技術是「整合」。但它是並未被給與特定技術做法的語詞，什麼是整合，是把壞的踢除，或者好壞共存，如同發現好乳房和壞乳房是同一位媽媽？

但是實情上我們是如何做和想呢？畢竟發現好乳房和壞乳房是同一個，這是一個慢慢的發現過程，不是硬塞這個概念給對方。不過就人性來說，也不能忽略的是，我們是要菁英般的讓好的更好，或者只要制度還可以，好的部分就會走得很好，甚至更好，比制度給得還要好，如同自由聯想能力的獲得？

如果假設人的內在世界，就是一個複雜的生態，有好有壞，有大有小，雖然我們也主張潛意識是沒有好壞，沒有大小之分，但是有著因受苦而需要防衛的內容，有著各種防衛機制，都是潛意識地運作，而且它的運作結果也常是不自覺的存在。甚至被當作不是往痊癒方向的阻抗，也是內心世界裡的常客，畢竟內心世界就是這些相互影響，相互動態制衡的眾多因子。

如果是這些因子們一起等待，相互等待，而在等待時就會有很多交流互動，我們真正需要花力氣觀察和思索的，反而是如何讓一百個因子可以相互等待，而共同走出一小步，而不是只在幾個因子上工作，隨著深度的詮釋而前衝走一百步？我這比喻不是要阻止往前衝的因子，而是讓這樣的人有機會經驗到，除了只看見即時的走向勝利之外，還有別的值得想，如何讓一百個人或因子，可能相互

當你看著美麗的菜單，會讓肚子餓成為美麗的事件嗎？

等待，相互激盪，而結伴走向未來，走著「潛移默化」的
道路，不然可能勝利者一無所獲？

 **(96) 怒憤、不滿、低自尊、沒有信心，像是各自移居異地的宗親**

　　個案說不出口或未察覺的憤怒，通常除了外在現實的情境，逼得他必須沉默，通常還會有內在的「超我」所產生的壓抑，使得那些憤怒不滿難以被說出來。不過如果簡化這些複雜的動力，就會被認為只要說出來就會好了，這樣的主張是簡化了。

　　不論是否叫做超我，是有這種苛責和要求完美的內在心理，只是佛洛伊德以「超我」來命名，而且如同佛洛伊德宣稱的，自我（ego）只是奴僕，而超我、原我和外在環境，是自我的三位嚴苛的主人。

　　也就是超我所代表的機制，不會只是我們有個想法，告訴自己不要嚴苛自己，然後它就會鬆手的，這並不是佛洛伊德說的情況。當它是主人之一，就變得不會如此輕易改變自己，因此臨床實情是，如果太早說出了那些深藏的想法，這些聲音就會像在房間裡一直迴響，而被他責怪的人聽到後，卻更遠離他，使他更孤獨了，變成一人獨自沉浸在，他已經說出去的憤怒話語的迴聲裡。

當你看著美麗的菜單，會讓肚子餓成為美麗的事件嗎？

這些憤怒話好像很熟悉，畢竟在腦海裡打轉很多年了，但是它們被說出來，真正變成在大氣中的聲音，卻是新奇的經驗，使他難以離開那些一直在空氣裡盤旋的話語，甚至因此有更多的後悔和懊惱，為什麼無法再忍下去呢？

過早地相信說出來就會好了，這是錯覺（illusion），不是實情。雖然在一般日常來說，這種錯覺是更普遍，而且容易被接受，雖然常要有很多的準備過程，才會讓那些積壓多年的聲音，當被說出來後能夠被消化，而不是被硬扯拉出場後變得反而難堪。

不過，在治療的起初，如溫尼科特描繪的，個案總有一些錯覺，相信治療師可以幫上他的忙。雖然這種錯覺是重要的，不然連第一步都難以啟動，只是卻可能因其它錯覺而帶來反效果。

例如，如果治療師錯覺地以為，個案已把治療師當作是正向客體了，使得治療師過早相信，這關係已經能夠引發思考，因而過早地給與個案，難以接受和難以思索的答案。這可能造成了更像是硬塞（inpigment），過早地硬是塞進去的想法，反而先打翻了個案的錯覺，覺得治療師一定能夠了解他。

也許錯覺地以為，只要把憤怒說出來就會改變的想法，也有它的某些價值，至少提供了某種希望，相信是可以改變的，而接下來只是要說服自己，這種希望的達成是需要時間。

畢竟憤怒的內在心理是失落，是沒信心，低自尊，但是憤怒的直接表達宣洩出來，並不足以處理失落相關的內在想像和經驗。因創傷而失落的經驗，是如同四散的宗親，移民異地多年，第二三四代之間，可能不再相識，使得以為生氣的直接表達，就能解決原本的問題，那就好像直接表達時，就把所有這些散居者全部叫了出來發洩似的，這不是臨床所見的實情。

如果我們忽略了那些來自早年的不滿，有著沒信心和低自尊，這些是來自佛洛伊德在描述失去客體後，有些人的自我某部分隨著客體而逝去，留下陰影或空洞，也就是這種情況下的怒憤、不滿、低自尊、沒有信心，都是相近的事件。它們可能就像是各自移居異地的宗親，只是臨床這些感受可能不會同時出現，不會被察覺它們之間有早年的相關性，使得這些感受像是在各地發展出來的不同現象，並未被意識到它們之間，可能來自早年的某些客體失落，或客體不如預期，所帶來的失落後所呈現的困局。

當你看著美麗的菜單，會讓肚子餓成為美麗的事件嗎？

這些思索只是要澄清，這些感受可能不是被單獨發現，然後給個建議，不要生氣，不要低自尊，要有自信，就可以解決。如果不想像前述的失落經驗，就會以為自信可以克服低自尊，而忽略了有自信和低自尊，常常是兩條平行發展的人生感受，它們可能是鄰居互不相識，或相識卻是各走各的路，過著自己的生活。但是一般卻常希望，它們是互不相容，只能一方存在的心理學。

　　畢竟這些相關的心理經驗，就算它們各自有個獨立的名稱，在發展過程也忘了它們之間曾有的關聯，但是潛在的相互影響和相互連動卻不曾消失。

(97) 在阻抗的基礎上，步步爲營的了解

　　治療師需要的方便法門，協助先往前走，而不是一下就把場景，拉到個案過於受苦的核心問題，不然好像要他看見自己的受苦經驗，以爲這樣他的問題就可以解決，但是這很可能只是招來更大的阻抗。

　　如果只讓他對於更受苦的經驗，閉起眼睛或轉身而去，這種情況是臨床常見，雖然以精神分析取向來說，是有著佛洛伊德的這種說法，只管分析，不必綜論整合其它的經驗和想像，這是假設個案會自己整合。不過這是最理想情況的假設，除了在某些特別挑選的個案，不然就不少經歷早年失落創傷的個案來說，會有很長的時間就算有動機接受心理治療，但是眞要把目前仍有問題歸因於自己，而不是別人的問題，這不是很容易的事。

　　雖然要讓個案能夠意識到，目前的問題不可能只源自於他人，而是自己也有貢獻著造成問題的原因，但這種詮釋常像是難以消化的答案和知識，因爲個案的理解方式，可能和治療師所期待有很大的落差，雖然個案可能在意識

當你看著美麗的菜單，會讓肚子餓成爲美麗的事件嗎？

上同意治療師的說法。

　　就心理治療過程來說，大部分時候是在處理和觀察，個案難以看見自己對於問題產生的貢獻，畢竟大都是以責怪某些人，是造成他現在問題的主要且唯一的來源。這些觀察可以被過早地當作是，個案缺乏改變的意識，這是很流行的說法，但只是說對了一部分，這種說法常被當作是，批評或責怪個案不要改變。

　　使得這種說法在臨床上，常是說了也等於沒說，或者反而讓個案更不舒服，而更增加解決問題的難度。或者覺得是個案阻抗，因此一心一意要讓個案知道他的阻抗，這些都是實情，只是做為治療者也需同時想像著，是否有什麼移情讓個案難以在治療者的面前，想像自己的問題可能來自於自己的某些潛在問題？這種觀察是表示，個案難以面對受苦的理由，除了來自身內在的困局外，也另來自他想要對誰說時，他潛在對對方抱持著什麼想像，也會影響他的表達方式。

　　這個過程是阻抗，沒錯，卻是我們了解更深度心理學的起步，對於深度心理學的了解，並不必然是一路順暢的，聽著個案說著很深刻的想法，而是更從這些阻抗裡，尋找出路的過程，更反映著心智運作的種種痕跡。

這些痕跡就像是古老的城牆，如同古蹟，不是把它推倒就好了，而是古蹟本身就反映著當年的生活和心理痕跡，是值得好好研究想像、觀察和澄清，這些阻抗現象和背後的心理，讓我們除了探索治療個案外，也同時累積心智知識的深度心理學。也就是深度心理學的知識，是在這些阻抗的基礎上步步為營的了解，和處理過程累積起來的知識，而不是一路順暢說著心理學的語言，才是深度心理學。

當你看著美麗的菜單，會讓肚子餓成為美麗的事件嗎？

（98）把目前的成就和問題，都塞回一顆種子？

　　一般常說的尋根，在精神分析取向的實作方式裡，也許被理解成是要找出生命早年的記憶，尤其是創傷記憶來補足記憶的缺陷。這也是佛洛伊德從催眠的暗示，轉到發展精神分析的初期仍有的想法，不過他很快就發現，臨床上不是如此單純的工作邏輯，就可以帶來臨床的效益。

　　佛洛伊德因此再提出其它的論點，探索這種被稱為阻抗的現象。不過一般來說，藉由補足記憶來達成改變的期待，仍如傳說般地存在著，也許以後仍會繼續存在，畢竟相對於要探索阻抗等其它複雜因子，並不是一般人所樂見的過程。

　　我試著從比昂的論點來說明，何以很困難有所謂記憶回復的課題。以尋找根源做為治療方向來說，從個案所陳述的故事裡尋找出一些跡象，但治療師可能假設自己是可以中立的，客觀的來聽個案的陳述，並主張可以真正了解個案的早年史，不過這種假設在臨床上並非實情，畢竟要真正的中立和客觀是有它的困難。

因此有比昂所說的，「被挑選的事實」（selected facts），意思是說治療師從個案的故事裡，形成某種觀點的過程，是有著一些不自覺和自覺的，挑選故事的某些內涵做基礎綜合起來，來形成我們對個案的了解方式，並形成那是當年所發生的事件，是造成創傷的原因，不過就臨床實作來說，如果以這方式來達成的了解，這個過程並不必然帶來改變，也許有很多理由來想像何以如此。

　　例如，如果把這樣的過程當作是，將目前所出現的一切成就和問題，都往回塞進一顆種子般，假設這些都是由一顆種子所發展出來，這個比喻是有它的部分道理，只是臨床上把目前的成就和問題，都塞回一顆種子的意象，是否令人覺得會是成功的發現嗎？

　　就臨床來說，個案來找我們的時候，都已經在生活裡歷經了千山萬水的起伏，這些故事是以一個簡化的起源學，如種子的比喻，就可以收納嗎？或者這樣子收納的意義是什麼呢？雖然這個想法簡化且易懂，因此仍會有一些說服力，也常是個案來治療的過程裡，說故事的方式裡所隱含的主張，但我們需要有更複雜的想像，才能有新的出路。

　當你看著美麗的菜單，會讓肚子餓成為美麗的事件嗎？

(99) 除了考量詮釋之外，是否需要存著如何開枝散葉的想像呢？

　　就詮釋interpretation這項技術來說，它有兩種大的方向，一是期待如科學般，從個案說的不同故事裡，以歸納法找出其中，被自覺和不自覺地挑選出來的事實（selected facts），形成某個假設做爲詮釋的內容，例如伊底帕斯情結。

　　或詮釋的另一個大方向是，帶有如同後代演奏家演奏古代作曲家，例如巴哈、柴可夫斯基等的作品時，後代者要有特色，有獨特的方式或情感，詮釋前人樂曲的風格是重要的，而不是以如科學般的精準爲演奏要務，這種interpretation的說法，在英文世界是日常語言，但是在我們的日常用語裡，常就是以演得奏得好不好來評量。這和詮釋樂曲的說法，可能不盡然相同，使得我們對於「詮釋」的語意，更是傾向前述假設具有科學取向的做法。

　　前者是採用歸納法，做爲從個案所說的很多故事裡找出線索，一如找出那顆種子，它是目前所有問題和成就的起源。但是如果以種子做比喻的話，意味著個案目前的生

活，是種子成長後開枝散葉的結果，而目前由於種種原因而枝葉零落，那麼心理治療的過程，在技術上除了考量詮釋之外，是否需要存著如何開枝散葉的想像呢？

這種想像是治療師需要有的嗎？這涉及治療目標的景象是什麼？就像一朵花的種子，注定就是往開花的方向走，但是如何塑造或幫助個案，有足夠的土壤可以開花，這是治療師在工作時需要的想法嗎？或者可以不管呢？這裡所指的土壤，是指讓個案有更多想法和想像做為培養土，讓自由聯想有可以發生的重要基礎。

當你看著美麗的菜單，會讓肚子餓成為美麗的事件嗎？

（100）自我的碎片如飢荒時四處移居的親人

　　依循比昂所比喻的，早年創傷後，本能的破壞力所造成的ego fragments（自我的碎片），如果生命早年心理創傷後，ego的碎片四散各地，如同遇到飢荒而四處移民的親人，開枝散葉般的四處落地生根，在不同的地方發展出自己的後代，那麼如果我們使用這個比喻來想像，對分析治療來說，處理早年創傷個案時，讓個案認識自己當初的親人們，以及他們移居何處，這樣就夠了嗎？

　　或者需要舉辦後代們的同鄉會，但是同鄉會聚集後，認識到自己的上代祖先，曾經過的飢餓創傷，是會有些撫慰的效果，但是治療是就停留在這種階段，個案體會到創傷後，自我的碎片四散後的情景，這樣就好了？但是同鄉會後，大家仍得回到各地過著原本的生活，如同分析治療過程裡，那些創傷後自我碎片四散後的後代，生活在不同的心理層次，和不同人有不同的關係。

　　例如，個案在家裡、學校或工作場合裡，和不同人的互動，是有著不同的自我碎片運作的結果。但是我們可能

觀察到，這些自我碎片的故事中有某些相類似的地方，但是個案卻覺得那是不同的故事脈絡。

後來各有自己的發展認同，使得就算是來自同一故鄉的移民，仍得在自己的地方持續活下去，因此雖然我們會以歸納法歸結出，個案的不同問題裡有相同的地方，但是不同的地方也有自己的歷史發展脈絡，如果我們過於強調相同的基礎，可能會忽略了不同的地方——可能是他們覺得自己和他人有所不同的地方。這更顯示的是，這些自我碎片的自己，有著不同的發展，雖然個案仍覺得那是自己的生活，但有著不同面向。

因此處理創傷後，自我的碎片四散後，在不同地方各自發展出自己的後代和問題，如何處理才是接近分析的技藝呢？只停留在替四散的移民，找出祖先居住地再回去一遊嗎？或者如何讓他四散的自我碎片，不是處理整合的課題，而是讓這些自我碎片，能夠持續在自己的地方有創意地開枝散葉，這樣的風景是更漂亮？

附錄一

薩所羅蘭團隊：

【薩所羅蘭的山】

陳瑞君、王明智、許薰月、劉玉文、魏與晟、陳建佑、劉又銘、謝朝唐、王盈彬、黃守宏、郭淑惠、蔡榮裕

【薩所羅蘭的風】（年輕協力者）

彭明雅、白芮瑜、王慈襄、張博健

【薩所羅蘭的山】

陳瑞君

> 諮商心理師
> 臺灣精神分析學會會員
> 臺灣醫療人類學學會會員
> 臺灣精神分析學會推薦精神分析取向心理治療師
> 臺灣精神分析學會《台北》心理治療入門課程召集人
> 松德院區《思想起心理治療中心》心理治療督導
> 國立臺灣師範大學教育心理與諮商所博士班研究生
> 聯絡方式:intranspace@gmail.com

王明智

諮商心理師

臺灣精神分析學會會員

《小隱》心理諮商所所長

臺灣精神分析學會推薦精神分析取向心理治療師

臺灣精神分析學會影音小組召集人

松德院區《思想起心理治療中心》心理治療督導

許薰月

諮商心理師

巴黎七大精神分析與心理病理學博士候選人

劉玉文

諮商心理師

看見心理諮商所　治療師

亞洲共創學院　總經理／資深職涯顧問

臺灣精神分析學會會員

魏與晟

臺北市聯合醫院松德院區諮商心理師

臺灣精神分析學會會員

精神分析臺中慢讀學校講師

松德院區諮商心理實習計畫主持

國立臺北教育大學心理與諮商研究所碩士

謝朝唐

精神科專科醫師

中山大學哲學碩士

巴黎七大精神分析與心理病理學博士候選人

劉又銘

精神科專科醫師

台中佑芯身心診所負責人

臺灣精神分析學會推薦精神分析取向心理治療師

精神分析臺中慢讀學校講師

聯絡方式：alancecil.tw@yahoo.com.tw

陳建佑

精神科專科醫師

臺灣精神分析學會會員

精神分析取向心理治療師

高雄市佳欣診所醫師

聯絡方式：psytjyc135@gmail.com

王盈彬

精神科專科醫師

精神分析取向心理治療師

臺灣精神分析學會理事

臺灣心理治療個案管理學會理事

臺灣精神醫學會會員

臺灣精神分析學會《台南》心理治療入門課程召集人

英國倫敦大學學院理論精神分析碩士

王盈彬精神科診所暨精神分析工作室主持人

聯絡方式：https://www.drwang.com.tw/

當你看著美麗的菜單，會讓肚子餓成為美麗的事件嗎？

黃守宏

臺北醫學大學附設醫院精神科暨睡眠中心主治醫師

臺北醫學大學醫學系專任講師

臺北醫學大學學生事務處學生輔導中心主任

臺灣心理治療個案管理學會理事

臺灣精神分析學會會員

臺灣精神分析學會台北春秋季班講師

松德院區《思想起心理治療中心》心理治療督導

美國匹茲堡大學精神研究中心訪問學者

郭淑惠

諮商心理師

新竹《心璞藝術》心理諮商所所長

精神分析取向心理治療師

臺灣精神分析學會會員

臺灣藝術治療學會專業會員

松德院區〈思想起心理治療中心〉心理治療師

台北市立大學教育學系教育心理與輔導組博士

聯絡方式：xinpu48@gmail.com

蔡榮裕

精神科專科醫師

臺灣心理治療個案管理學會理事長

臺灣精神分析取向心理治療研究會召集人

前松德院區精神科專科主治醫師

臺灣精神分析學會名譽理事長

臺灣醫療人類學學會會員

高雄醫學大學阿米巴詩社社員

松德院區《思想起心理治療中心》心理治療資深督導

聯絡方式：roytsai49@gmail.com

【薩所羅蘭的風】（年輕協力者）

彭明雅

諮商心理師

臺灣心理治療學會祕書

《昱捷診所》諮商心理師

《士林身心醫學診所》合作心理師